企業会計テキスト

志村　正［著］

創成社

はしがき

　会計は企業の共通言語といわれる。それは，会計が貨幣で測定されるものを対象としていることと関係している。だからこそ，企業の業績をひと言で「利益」といえるのである。その意味では，会計はすべてのビジネス・パーソンにとっての必須のツールなのである。

　本書は，基本的には，情報学部で会計を学ぶ学生のために書かれたものである。したがって，情報処理技術者試験（ITパスポート，基本情報技術者，ITストラテジスト，システム監査など）の資格取得を目指す者には最適な書と考える。そのため，本書で取り上げられているトピックは，これらの試験の過去問題として出題されたものを中心とする範囲をカバーしている。

　とはいえ，会計の基本を網羅的に学びたい，会計のトピックを手早く学習したいと考えている読者にも配慮している。ビジネス会計検定試験をも視野に入れたのは，こうした配慮によるものである。

　本書は12章で構成されている。

第１章～第４章	簿記会計
第５章～第６章	財務会計
第７章	経営分析
第８章	原価計算
第９章～第12章	管理会計

　企業会計には利用目的によって，「財務会計」と「管理会計」がある。財務会計は株主や債権者などの企業外部の利害関係者（ステークホルダー）に企業の決算書（財務諸表）を作成して公表することを目的とする。第５章では個別財務諸表，第６章では連結財務諸表が取り上げられる。

　株主や投資家は企業の決算に関心を持っているので，決算書を読むことがで

きなければならない。決算書から企業の経営状況を判断して，株の売買を考えるのである。決算書から経営状況を読むのが「経営分析」である。第7章では，財務の安全性，収益性，資本効率性，生産性，株価収益性の各指標が取り上げられる。

　簿記は，財務会計と管理会計の両者にとっての基礎知識となる。簿記は企業活動を整理し要約する技法である。簿記によって処理されるデータ（会計データという）は上述の目的のために活用される。本書では，便宜上，簿記を第1章と第2章の2つの章に分けて解説している。個別問題として商品の売上原価計算（第3章）と減価償却（第4章）を取り上げる。

　「管理会計」は，企業の業績をどのようにすれば向上させることができるかを経営管理者（マネジメント）に教える。たとえば，損益分岐点分析（第9章），標準原価計算（第10章），設備投資の経済性計算（第11章），バランスト・スコアカード（第12章）は管理会計の代表的な技法である。

　企業には，商品を仕入れてそれを販売することによって利益を上げる商企業（百貨店，スーパー，小売店など）と原料を仕入れて加工しそれを販売する製造業などがある。製造業では，生産される製品の原価（コスト）を計算する，いわゆる「原価計算」が必要である。原価計算は管理会計を理解する上で不可欠な知識である。第8章では，ソフトウェアの原価計算についても取り上げている。

　本書は理解を深めるためにできるだけ多くの図表を用いて解説している。また，情報処理技術者試験とビジネス会計検定試験の過去問題（類題）を中心に豊富な問題を掲載している。受験対策に活用していただければ幸いである。

　本書が，会計に関心をもつきっかけとなり，将来，情報のエキスパートや会計専門職を目指す方々のお役に立てればこれに勝る喜びはない。

　最後に，筆者のわがままを辛抱強く聞いてくださり，何度もやりとりしながら尽力してくださった創成社出版部の廣田喜昭氏に衷心よりお礼申し上げたい。

平成22年　初秋

志　村　　正

目　次

はしがき

第1章　簿記会計（1） ———————————————— 1
　1．簿記とは …………………………………………………1
　2．財務諸表 …………………………………………………3
　　演習問題 …………………………………………………10

第2章　簿記会計（2） ———————————————— 14
　1．取引の要素分解 …………………………………………14
　2．仕　訳 ……………………………………………………16
　3．勘定記入 …………………………………………………17
　4．試算表の作成 ……………………………………………19
　5．決　算 ……………………………………………………21
　6．会計帳簿 …………………………………………………23
　　演習問題 …………………………………………………24

第3章　売上原価の計算 ———————————————— 27
　1．売上原価の算定方法 ……………………………………27
　2．計算のルール ……………………………………………28
　　演習問題 …………………………………………………32

第4章　減価償却 ———————————————————— 35
　1．減価償却とは ……………………………………………35

2．減価償却費の計算方法……………………………………36
　　3．減価償却の記録方法………………………………………39
　　　演習問題………………………………………………………40

第5章　財務諸表 ─────────────── 43
　　1．貸借対照表の構成…………………………………………43
　　2．損益計算書の構成…………………………………………46
　　　演習問題………………………………………………………49

第6章　連結会計 ─────────────── 51
　　1．連結会計……………………………………………………51
　　2．連結財務諸表の作成手順…………………………………53
　　3．持分法………………………………………………………57
　　　演習問題………………………………………………………58

第7章　経営分析 ─────────────── 61
　　1．財務の安全性………………………………………………61
　　2．収益性………………………………………………………65
　　3．資本効率性…………………………………………………68
　　4．生産性………………………………………………………70
　　5．株価収益性…………………………………………………70
　　　演習問題………………………………………………………74

第8章　原価計算 ─────────────── 81
　　1．原価計算と生産プロセス…………………………………81
　　2．製品のコスト………………………………………………83
　　3．非原価項目…………………………………………………83
　　4．原価の分類…………………………………………………84

5．原価の構成 …………………………………………………86
　6．製造原価報告書 ……………………………………………87
　7．原価計算の手続 ……………………………………………89
　8．原価計算の種類 ……………………………………………89
　9．活動基準原価計算 …………………………………………91
　10．ソフトウェアの原価計算 …………………………………92
　11．TCO ………………………………………………………96
　　演習問題 ……………………………………………………97

第9章　損益分岐点分析 ── 100
　1．損益分岐点分析 ……………………………………………100
　2．損益分岐点図表と損益分岐点 ……………………………100
　3．限界利益図表 ………………………………………………103
　　演習問題 ……………………………………………………104

第10章　標準原価計算と差異分析 ── 109
　1．標準原価管理のプロセス …………………………………109
　2．差異分析 ……………………………………………………110
　3．原価企画 ……………………………………………………115
　　演習問題 ……………………………………………………116

第11章　設備投資分析 ── 119
　1．設備投資の意思決定 ………………………………………119
　2．設備投資の経済性計算 ……………………………………120
　3．リース ………………………………………………………127
　4．リースとレンタル …………………………………………129
　　演習問題 ……………………………………………………130

第12章　バランスト・スコアカード ───── 135
1．バランスト・スコアカードとは …………………………135
2．4つの視点 ………………………………………………136
3．戦略マップ ………………………………………………137
4．バランスト・スコアカードによる戦略マネジメント …………140
　　演習問題 …………………………………………………141

解　　答　143
参考文献　159
索　　引　161

第1章 簿記会計（1）

1．簿記とは

　簿記は，企業の活動を把握する一手段であり，企業活動の内，資本の動きに関心をもっている。つまり，簿記では「取引」と呼ばれる出来事に焦点を当てる。

　簿記とは，帳簿記録の技術であり，一定のルールに従って組織的・秩序立てて取引を帳簿に記録し，決算書を作成するプロセス，仕組みを取り扱うものである。簿記の流れを概略的に示すと図表1－1のようになる。

図表1－1　簿記の流れ

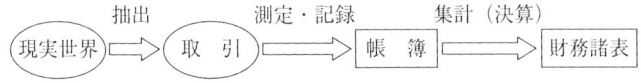

　通常，簿記といえば複式簿記を指している。「複式」という言葉は取引を二面的に捉えるというニュアンスを伝えている。

　簿記は取引を整理する独特のデータ収集技術である。簿記は企業活動の中から取引のみを取り出して整理する。つまり，簿記の対象は取引である。帳簿記録の出発点は，取引を認識することである。取引とは，簡単にいえば，現金の収支や財産の増減を伴う企業活動である。

　簿記上の取引は，日常的に使用されている取引とは異なる場合がある。たと

えば,「商品の注文を受けた」とか「賃貸借契約をした」という出来事は,簿記では取引とはいわない。「倉庫が焼失した」とか「商品が盗まれた」という出来事は日常では取引といわないが,簿記では取引である。どこが異なるかといえば,企業の財産が増えたり減ったりする出来事かどうかが決め手である。

取引を測定する単位は「貨幣額」つまり金額である。貨幣額によって企業活動を要約し,種々の出来事が比較可能となる。会計が企業の共通言語といわれるゆえんである。

簿記の最終成果物は企業の成績表と呼ばれる財務諸表である。簿記ないしは会計の目的には,①企業の財産の有り高を記録することによって,財産管理を行う,②企業の財政状態を明らかにする,③企業の経営成績を明らかにする,④経営管理に活用する,といった点があるが,財務諸表は②と③の目的を達成する。

簿記のデータは図表1－2に示されるように,株主や投資家,債権者などのステークホルダー(利害関係者)に提供するためと,企業の業績を向上させるために経営管理者に活用される。前者の側面を財務会計,後者の側面を管理会計という。つまり,簿記のデータは財務諸表を作成したり管理のための情報を作成する際の基礎となる。

図表1－2　簿記の目的

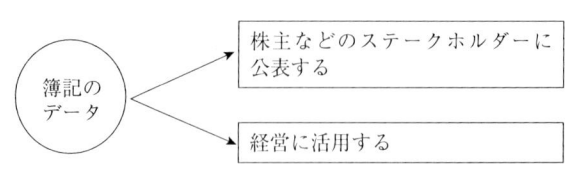

例題1

次の事象のうち,簿記上の取引とならないものはどれか。
　ア　自社が所有する倉庫が焼失した。
　イ　営業用の自動車が盗まれた。

ウ　事務所の賃借契約をして手付金を支払った。
　エ　商品の注文を受け取った。

> [解　答]

　簿記上の取引とは，現金の収支や財産の増減を伴う企業活動であるから，ア〜ウはこれに該当するが，エは該当しない。なお，ウについては，賃貸借契約を結んだだけで，手付金を支払っていなければ，簿記上の取引とはならない。

2．財務諸表

　企業の経理内容は財務諸表という形で作成され，公表される。財務諸表は一定期間（たとえば，1年とか半年）の企業の経営活動を凝縮したもの，要約したものである。この一定期間のことを会計期間と呼んでいる。通常，財務諸表というとき，貸借対照表，損益計算書，キャッシュフロー計算書のことを指している。

（1）貸借対照表

　貸借対照表（B／S）は，一定時点の財政状態を表示している。資金が二面的に表示される。つまり，資金の調達源泉形態と資金の使途運用形態である。資金をどこから調達したかという観点からは，負債と純資産（資本）に区分される。資金をどのような形で所有しているかという観点からみた場合に資産となる。これら三者の関係を示すと，図表1－3のようになる。

図表1－3　貸借対照表のフォーム

貸借対照表

| 資　産 | 負　債 |
| | 純資産 |

資金をどのような観点からみようと，資金の大きさ自体は変わらないから，次の関係式が成り立つ。この関係式を貸借対照表等式という。

$$資産 = 負債 + 純資産$$

簿記では，左側を借方（かりかた），右側を貸方（かしかた）と呼んでいる。借方に表示されるのが資産である。資産は，一般に財産と考えられるものであり，現金，預金，売掛金（商品を販売したときの未収額），土地，建物，有価証券（株式，国債など）がある。これに対して，貸方に表示されるのが負債と資本である。負債は，債権者（金融機関，仕入先等）から調達される資金で，将来返済義務を負う債務である。この中には買掛金（商品の仕入れに伴って発生する未払額），借入金，社債などが含まれる。純資産（資本）は，株主からの資金で返済義務を負わない。この中には，資本金のほかに剰余金，当期に獲得した純利益も含まれる。

通常の商品売買取引では，現金ではなく掛け，つまり信用取引によって行われるのが一般的である。売掛金や買掛金はこうした通常の営業活動から発生する債権・債務である。売掛金は後日現金などで受け取られ（回収するという），買掛金は後日現金などで支払われる（図表1－4）。

図表1－4　売掛金と買掛金

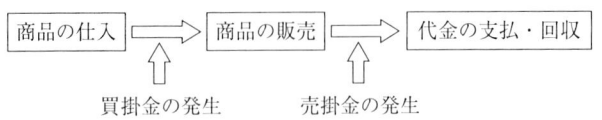

資産，負債，純資産に含まれる項目を例示すると次のようになる。

資　産	現金，当座預金などの預金，受取手形，売掛金，商品，売買目的有価証券，貸付金，建物，備品，土地など
負　債	支払手形，買掛金，借入金，未払金，未払費用，前受収益など
純資産	資本金，資本剰余金，利益剰余金など。

具体的な項目を含めて貸借対照表を例示すると，次のようになる（項目は代表的なものに限定し，金額は故意に小さくしている）。

貸 借 対 照 表
令和×1年12月31日　　　　　（単位：円）

資　産	金　額	負債及び純資産	金　額
現　　　金	58,600	買　掛　金	64,600
売　掛　金	67,200	借　入　金	120,000
商　　　品	125,500	資　本　金	1,000,000
建　　　物	580,000	当期純利益	46,700
備　　　品	400,000		
	1,231,300		1,231,300

例題2

令和×1年12月31日現在の財政状態は次の通りであった。これに基づいて，純資産の金額を求めなさい。（単位：円）

売掛金　123,000　　商　品　88,000　　借入金　50,000
現　金　 35,000　　買掛金　113,000　　当座預金　28,000
建　物　210,000

解　答

純資産は資産から負債を引いた金額であるから，
(123,000 ＋ 88,000 ＋ 35,000 ＋ 28,000 ＋ 210,000) － (50,000 ＋ 113,000)
＝ 321,000円となる。

（2）損益計算書

損益計算書（P／L）は一定期間の経営成績を表し，利益がどのようにして発生したかが表示されている。つまり，企業の総成果と努力をも示す。これが，収益と費用と呼ばれる。収益とは，経営活動の結果として生ずる資本の増加であり，これには資産の増加が伴う。いわゆる「儲けの総額」に相当する。費用

は，経営活動によって資本が減少することであり，資産の減少や負債の増加を伴う。一般に経費と呼ばれるものに相当する。損益計算書の形式を図示すると図表1－5のようになる。

図表1－5　損益計算書のフォーム

損益計算書

費　用	収　益
純利益	

　ここで大切なことは，純資産が株主からの資金の追加調達（増資）や減資によって増減したのではなく，経営活動，たとえば商品の売買や企業の管理運営，資産の売却などによって生じたものであるという点である。
　収益と費用には次のものが含まれる。

収　益	売上，受取手数料，受取利息など。
費　用	仕入（売上原価），給料，旅費交通費，広告料，支払家賃，支払保険料，水道光熱費，通信費，減価償却費，貸倒引当金繰入，支払利息，固定資産売却損など多数。

　一般に，商品の引渡し（販売）時や用役（サービス）の提供時等に収益が計上され，費用は財や用役の消費（発生）時などに計上される。
　ある会計期間中に発生した収益と費用の差額が純利益（ないしは単に利益）である。したがって，次の関係式が導き出される。この式を損益計算書等式という。

　　　費　用　＋　純利益　＝　収　益

　また，損益計算書等式から次のような公式も導くことができる。これを利益

等式という。

$$純利益 = 収益 - 費用$$

具体的な項目を含めて損益計算書を例示すると，次のようになる（項目は代表的なものに限定し，金額は故意に小さくしている）。

損 益 計 算 書
令和×1年1月1日～令和×1年12月31日
（単位：円）

費　　　用	金　　額	収　　　益	金　　額
売 上 原 価	482,400	売　　　　上	665,300
給　　　　料	87,200	受 取 利 息	22,200
支 払 家 賃	24,200		
減 価 償 却 費	25,300		
支 払 保 険 料	16,000		
支 払 利 息	5,700		
当 期 純 利 益	46,700		
合　　　　計	687,500	合　　　　計	687,500

例題3

令和×1年1月1日～12月31日の経営成績の結果は次の通りであった。これに基づいて，純利益を計算しなさい。ただし，仕入れた商品はすべて販売されたものとする。（単位：円）

支払利息　25,000　　旅　　費　15,000　　売　　上　823,000
通信費　　50,000　　受取利息　18,000　　給　　料　220,000
広告費　　82,000　　仕　　入　438,000

解　答

純利益は収益から費用を引いた金額であるから，
(823,000 + 18,000) − (25,000 + 15,000 + 50,000 + 220,000 + 82,000 + 438,000) = 11,000円となる。

（3）キャッシュフロー計算書

　キャッシュフロー計算書（C／F）は，一定期間の資金（キャッシュ）の増減を明らかにしたものである。つまり，どのような要因によって資金が増減したかを表示する。当期キャッシュフロー増減額は次の式によって求められる。

| 当期キャッシュフロー増減額 ＝ 期末キャッシュ残高 － 期首キャッシュ残高 |

　この増減額を原因別に表示する。キャッシュには現金だけではなく，当座預金，普通預金などの現金同等物が含まれる。

　企業が経営活動を行うにはキャッシュの収支を伴う。図表1－6に示したように，そうした活動を，①営業活動，②投資活動，③財務活動の3つに区分して表示したのが，キャッシュフロー計算書である。営業活動からのキャッシュフローは単に営業キャッシュフローと呼ばれる。

　たとえ利益をあげていても，それによって企業の存続が保証されるわけではない。利益が出ていても負債が返済できなければ，いわゆる「黒字倒産」に追い込まれることもある。あるいは「勘定合って銭足らず」ともいわれる事態に陥る。したがって，このキャッシュフロー計算書は株主や投資家にとって大変有用な情報となる。

　キャッシュフロー計算書の作成方法には，直接法と間接法がある。直接法は期間中の収入項目と支出項目を記載する方法である。図表1－6は間接法による様式例を示している。キャッシュフロー計算書は貸借対照表と損益計算書から作成することができる。

　営業活動からのキャッシュフローは，投資活動や財務活動のために投入することができる。これによって資金管理を適切に実施できるようになる。

　なお，棚卸在庫が減る，売掛金が減る，つまり早期に回収される，買掛金が増える，つまり支払が遅くなることによって，営業キャッシュフローは向上する。

図表1－6　キャッシュフロー計算書の様式

キャッシュフロー計算書

Ⅰ．営業活動からのキャッシュフロー
　　当期純利益　　　　　　　×××
　　減価償却費　　　　　　　×××
　　棚卸資産の増減額　　　　×××
　　　　：　　　　　　　　　　：
　　　　計　　　　　　　　　　　　　×××
Ⅱ．投資活動からのキャッシュフロー
　　設備投資額　　　　　　　×××
　　固定資産売却額　　　　　×××
　　貸付による支出　　　　　×××
　　　　：　　　　　　　　　　：
　　　　計　　　　　　　　　　　　　×××
Ⅲ．財務活動からのキャッシュフロー
　　長期借入による収入　　　×××
　　短期借入金の返済　　　　×××
　　自社株式の購入　　　　　×××
　　　　：　　　　　　　　　　：
　　　　計　　　　　　　　　　　　　×××
　　現金及び現金同等物の増減額　　　×××

キャッシュフローの増減要素を活動別に例示すると図表1－7のようになる（間接法による）。

図表1－7　キャッシュフローの増減要素

活　　動	増加要素	減少要素
営業活動からの キャッシュフロー	税引後当期純利益 減価償却費 売掛金の減少 買掛金の増加 商品在庫の減少	売掛金の増加 買掛金の減少 商品在庫の増加
投資活動からの キャッシュフロー	土地等の売却 貸付金の回収	設備の購入 設備投資 資金の貸し付け
財務活動からの キャッシュフロー	資金の借り入れ 株式の発行	借入金の返済 金銭による配当

例題4

次の項目のうち，営業キャッシュフローを増加させない項目はどれか。
　ア　減価償却費　　　　　イ　買掛金の増加
　ウ　棚卸資産の減少　　　エ　売掛金の増加

解　答

売掛金の増加はキャッシュとしての回収が遅れていることを示しているから，キャッシュフローを増加させない。したがって，エが正しい。

演習問題

[問題1] 次の文章の空欄にあてはまる適当な字句を解答群から選んで記号で答えなさい。

1．会計数値の特徴はそれが□□□によって測定されているという点にある。
2．財務諸表の利用者は□□□であり，管理会計情報の利用者は□□□である。
3．帳簿記録の対象は□□□であり，経済事象とも呼ばれる。
4．簿記の最終成果物は□□□である。
5．複式簿記は1つの取引を□□□に把握する。

解答群：
　ア　取　引　　イ　財務諸表　　ウ　貨幣額　　エ　ステークホルダー
　オ　二面的　　カ　帳　簿　　　キ　経営管理者

[問題2] 次の事象のうち，簿記上の取引となるものの個数を答えなさい。
　a　倉庫が火災で焼失した。
　b　パソコンを購入し，代金は月末に支払うことにした。

c　店舗の賃貸借契約をした。
d　店の商品が盗難にあった。
e　商品の注文を約束した。
f　購入した商品の一部に欠陥があったので，返品した。
g　従業員が前借りをした。

ア　6つ　　イ　5つ　　ウ　4つ　　エ　3つ　　オ　2つ

[問題3] 会計帳簿に記帳しないものはどれか。
ア　交通事故によって社有車が全壊した。
イ　債権者から債務を免除された。
ウ　事務所を借りるための賃貸借契約を取り交わした。
エ　所有している建物が火災によって焼失した。

(初級シスアド，平成9年秋)

[問題4] 次の空欄に入る適当な語句を解答群から選びなさい。同じ語句を何度使用しても良い。
1．財務諸表には，企業のある一定の期間の経営成績を示した　　　　，ある一定時点の財政状態を示した　　　　，現金の流れを表示した　　　　がある。
2．貸借対照表の借方には会社の財産を表す　　　　が，貸方には資金の調達先を表す　　　　および　　　　が表示されている。　　　　は返済義務を負う。
3．貸借対照表等式を示すと，次のようになる。
　　資　産　＝　　　　　＋　純資産
4．損益計算書の借方には　　　　が，貸方には　　　　が表示されている。
5．利益等式を示すと，次のようになる。

　　　　純利益　＝　収益　－　☐

6．利益が出ているのに，資金が不足しているために会社が倒産すること
　　を☐という。

解答群：
　　ア　資　産　　イ　貸借対照表　　ウ　費　用　　エ　損益計算書
　　オ　負　債　　カ　黒字倒産　　　キ　収　益
　　ク　キャッシュフロー計算書　　ケ　純資産　　コ　債務超過

[問題5]　次の項目の組み合わせで，間違っているものはどれか。
　　ア　資　産………当座預金，建物，車両運搬具
　　イ　負　債………買掛金，未払金
　　ウ　資　産………貸付金，売掛金，商品
　　エ　純資産………資本金，利益剰余金，借入金

[問題6]　次の項目の組み合わせで，間違っているものはどれか。
　　ア　費　用………仕入（売上原価），支払利息，給料
　　イ　収　益………受取手数料，受取手形，売上
　　ウ　費　用………旅費交通費，減価償却費，通信費
　　エ　収　益………受取利息，受取配当金

[問題7]　次の項目のうち，営業キャッシュフローを増加させない項目はどれか。
　　ア　減価償却費　　　イ　買掛金の増加　　　ウ　商品在庫の減少
　　エ　売掛金の増加

[問題8]　財務諸表のうち，一定時点における企業の資産，負債および純資産
を表示し，企業の財政状態を明らかにするものはどれか。
　　ア　キャッシュフロー計算書　　　イ　損益計算書

ウ　貸借対照表　　　　　　　　　　エ　株主資本等変動計算書

(初級シスアド，平成15年春，一部修正)

［問題９］損益計算書を説明したものはどれか。
ア　一会計期間における経営成績を表示したもの
イ　一会計期間における現金収支の状況を表示したもの
ウ　企業の一定時点における財務状態を表示したもの
エ　純資産の部の変動額を計算し表示したもの

(ITパスポート，平成21年春，一部修正)

［問題10］キャッシュフローの増加要因となるものはどれか。
ア　受取手形や売掛金などの売上債権の増加
イ　器具や備品などの投資金額の増加
ウ　製品在庫などの棚卸資産の増加
エ　短期や長期の借入金の増加

(ITパスポート，平成21年秋)

第2章 簿記会計（2）

1．取引の要素分解

　すでに図表1－1で簿記の手順について示したが，より詳細に示せば図表2－1のようになる。

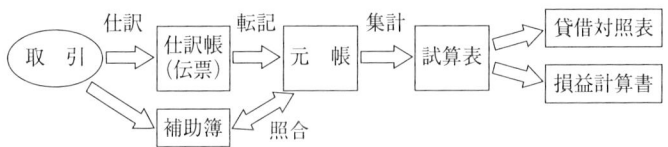

図表2－1　簿記の手順

　1つの取引を二面的に把握するのが複式簿記の特徴であった。取引を財貨（商品や備品）や資金（現金）の増減，債権・債務（売掛金や買掛金，借入金）関係の発生・消滅として認識する。たとえば，現金を銀行から借り入れたという取引があったとする。これはただ単に現金という資金が入ってきた（増加した）というだけにとどまらず，借入金という債務が発生した（増加した）ものとして分析できる。また，事務机などの備品を現金で購入したという取引であれば，「備品という財貨の増加」と「現金という資金の減少」として把握できる。
　現金を銀行から借り入れたという取引の場合，現金は資産であり，借入金は負債であるから，この取引は「資産の増加」と「負債の増加」の組み合わせと

して要約できる。このように，貸借対照表と損益計算書の５つの要素，つまり資産，負債，純資産，費用，収益の項目に関わらせて取引を分解することを取引の要素分解という。

　例．取引；「銀行から現金を借り入れた」
　　　二面的把握；「現金という資金の増加」と「借入金という債務の発生」
　　　要素分解；「資産の増加」と「負債の増加」

　取引の要素分解を一般化すると，取引を２つの要素に分解することである。一方の要素を借方要素，他方の要素を貸方要素という。すべての取引は，借方要素と貸方要素から構成されている。先ほどのケースでは，借方要素が資産の増加であり，貸方要素が負債の増加である。それをまとめたのが図表２－２である。

図表２－２　取引の８要素の組み合わせ

［借　方　要　素］	［貸　方　要　素］	
資産の増加	資産の減少	
負債の減少	負債の増加	｝貸借対照表項目
純資産の減少	純資産の増加	
費用の発生	収益の発生	｝損益計算書項目

　取引は８つの要素の組み合わせによって表現される。これを取引の８要素と呼んでいる。この組み合わせ以外は存在しない。なお，費用と収益はその増加を「発生」，減少を「取り消し」と呼んでいる。取り消しは特殊なケースなので図では示さなかった。

2．仕　訳

　以上の要素分解に基づいて，次に取引を仕訳帳に記録する。これを仕訳という。仕訳帳は，取引をその発生順に借方側と貸方側に分けて整理した帳簿である。

　仕訳の形式を示せば次のようになる（○○○○には資産項目などが入り，×××には金額が入る）。金額は借方，貸方で必ず一致する。項目は2つ以上入ることもある。

```
（借方）○○○○　　×××　　　（貸方）○○○○　　×××
```

　たとえば，「商品850,000円を掛けで仕入れた」という取引を仕訳すれば次のようになる。

　　　　　　　（借方）仕　入　　850,000　　（貸方）買掛金　　850,000

例題1

次の取引を仕訳しなさい。

- 4／1　現金2,500,000円を元入れして開業した。
- 　6　銀行から現金500,000円を借り入れた。
- 　10　商品850,000円を掛けで仕入れた。
- 　18　商品を380,000円で売上げ，代金は現金で受け取った。
- 　25　給料35,000円を現金で支払った。
- 　26　買掛金420,000円を現金で支払った。
- 　29　賃借料12,000円を現金で支払った。
- 　30　借入金の利息8,000円を現金で支払った。

[解答]

4／1	（借方）現　　金	2,500,000	（貸方）資　本　金	2,500,000
6	（借方）現　　金	500,000	（貸方）借　入　金	500,000
10	（借方）仕　　入	850,000	（貸方）買　掛　金	850,000
18	（借方）現　　金	380,000	（貸方）売　　　上	380,000
25	（借方）給　　料	35,000	（貸方）現　　　金	35,000
26	（借方）買　掛　金	420,000	（貸方）現　　　金	420,000
29	（借方）賃　借　料	12,000	（貸方）現　　　金	12,000
30	（借方）支　払　利　息	8,000	（貸方）現　　　金	8,000

　取引を仕訳帳ではなく，伝票に記録する方法がある。伝票は取引内容を仕訳が可能な形式で記帳できるようになっている紙片である。伝票を用いた記帳システムは大量の取引を仕訳できるので帳簿記帳の効率化に役立つ。入金伝票，出金伝票，振替伝票などがある。現金の受け取りのときは入金伝票，現金の支払いのときは出金伝票，現金の収支に関係のない取引のときは振替伝票に記入する。

3．勘定記入

　仕訳した結果を勘定に記録することを転記という。すべての勘定が収納されている帳簿は，元帳または総勘定元帳と呼ばれる。元帳に勘定を開設することを「勘定口座を設ける」という。勘定は取引の結果を資産項目や負債項目ごとに計算・整理する場所または手段である。勘定の形式は次のようにＴ字形で表される（○○○○は勘定名，×××は金額を表す)。これらの項目を勘定科目という。

（借方）	○○○○	（貸方）
	××××	××××
	××××	××××

取引例；5／2　商品850,000円を掛けで仕入れた
仕　訳；(借方) 仕　　入　　850,000　　(貸方) 買掛金　　850,000
転　記；

　図表2－3は勘定記録のルールを示したものである。たとえば，資産の勘定として，現金を取り上げてみよう。現金勘定の増加（つまり収入）は借方側に，減少（つまり支出）は貸方側に記録される。その結果，現金勘定は常に借方金額の方が大きくなるので借方残高となる。この勘定記録のルールは貸借対照表と損益計算書の構造に依拠している。

図表2－3　勘定記録のルール

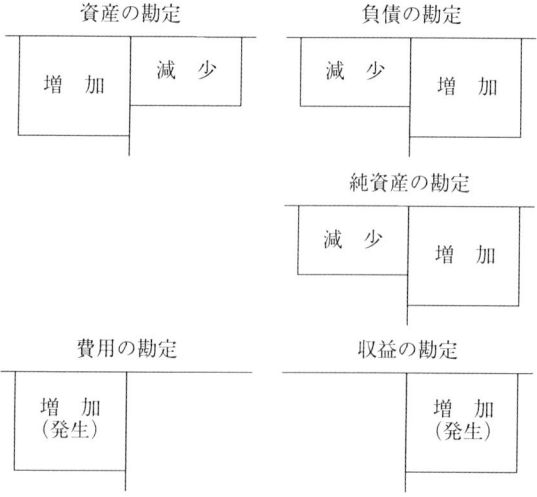

例題2

当期に発生した次の取引を現金勘定に記録しなさい。
① 商品を50,000円で得意先に現金で販売した。
② 給料42,000円を現金で従業員に支払った。
③ 買掛金35,000円を仕入先に現金で支払った。
④ 得意先の売掛金30,000円を現金で回収した。
⑤ 商品28,000円を仕入先から現金で仕入れた。

解　答

現　金

期首残高	80,000	②	42,000
①	50,000	③	35,000
④	30,000	⑤	28,000

以上により，現金勘定の借方合計金額は160,000円，貸方合計金額は105,000円であるから，現金の期末残高は55,000円となる。

4．試算表の作成

　取引の記録は日常的に行われる作業であるが，ある一定期間の記録を集計して記録の正確性を確認したり，取引の規模を見たり，決算を行って財務諸表を作成することがある。その際，集計に利用される計算表を試算表という。つまり，試算表は，一定期間の勘定記録の集計表なのである。集計期間の単位によって年計表，月計表，週計表，日計表がある。
　試算表にはすべての勘定の借方合計金額と貸方合計金額を記載する合計試算表，各勘定の残高のみを記載する残高試算表，合計金額と残高の両者を記載する合計残高試算表がある。
　下図は，総勘定元帳を集計してどのように合計試算表と残高試算表を作成す

るかを一部の勘定について行ったものである。

現　　金		買　掛　金		売　　上	
80,000	42,000	28,000	45,000		88,000
50,000	35,000	15,000	32,000		28,000
30,000	28,000				24,000

合計試算表

借　　方	勘定科目	貸　　方
160,000	現　　金	105,000
43,000	買　掛　金	77,000
	売　　上	140,000

残高試算表

借　　方	勘定科目	貸　　方
55,000	現　　金	
	買　掛　金	34,000
	売　　上	140,000

　すべての勘定の借方合計金額はすべての勘定の貸方合計金額に等しくなる。これによって転記の正確性を確認できる。しかし，仕訳の正確性をも保証するものではない。残高試算表は，図表2－4のように，貸借対照表と損益計算書に分解される。そのとき，貸借対照表の純利益と損益計算書の純利益は一致する。

図表2－4　残高試算表の構造

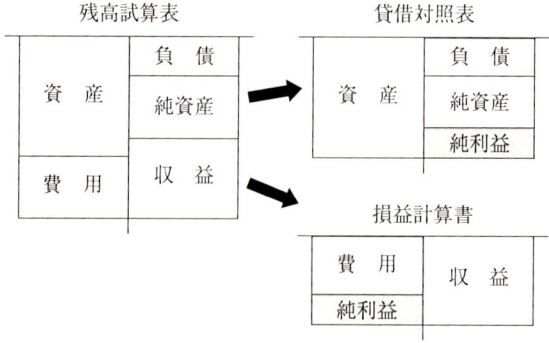

5．決 算

　正式な財務諸表は，残高試算表を貸借対照表と損益計算書に分割しただけでは作成できない。適正な期間損益を計算するためには，収益に対応する費用の確定と資産・負債の実在高への修正を行わなければならないからである。決算において，総勘定元帳の勘定残高を修正しなければならない項目のことを決算整理事項または決算修正事項という。図表2－5のような手続きを行ってから仕訳帳と総勘定元帳の各勘定が締め切られる。簿記ではこの一連の流れを精算表を用いて試算する。

図表2－5　決算の手順

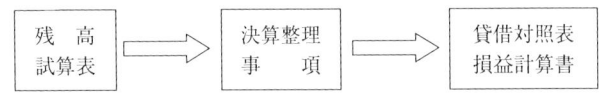

　決算は適正な期間損益を計算する上で不可欠である。どんな勘定についてどのように修正されるかというと，たとえば次のような修正がなされる。
　1．商品の棚卸高を期末の金額に修正する。
　2．売上原価を計算する。
　3．有形固定資産について減価償却を行う。
　4．収入と支出の金額を会計期間に合わせる。
　5．売掛金などの債権について，回収不能額（貸倒見積額）を考慮する。
　上記のうち1と2については第3章で，3については第4章で説明する。ここでは4と5について取り上げる。
　収入された金額または支出された金額すべてが，その期間の収益となるか費用となるかという問題である。たとえば，×1年の4月1日に火災保険料を2年分の840,000円を支払ったとする。当社の会計期間が×1年1月1日～12月31日であったとする。このとき，840,000円の全部が当期の費用にならないこ

とは明らかである。当期の費用になる金額は４月から12月までの９カ月分である。つまり，315,000円（840,000／24カ月×９カ月）である。残りの525,000円は次期以降の費用（前払費用という）になる。このような修正を行って，当期に属する費用が正確に計算される。収入についても同様な処理が行われる。

　当期の現金の支出を当期の費用，当期の現金の収入を当期の収益とする処理法は現金主義と呼ばれているが，現代の会計では上記のような発生主義の方法がとられている。例えば，当期にパソコンの修理を行い，次期にその代金を支払う場合，その修繕料を当期の費用とするのが発生主義の考え方である。

例題３

　当社の決算は毎年12月末である。今年の４／１に１年分の保険料780,000円を支払った。今年の保険料は　　　　　　円であり，来年の保険料になるのは　　　　　　円である。空欄に入る金額を計算しなさい。

解　答

　下記の図に示すように１年分の代金のうち，当期に属する分は780,000円／12カ月×９カ月＝585,000円であり，残りの195,000円が来年の保険料（前払費用）になる。

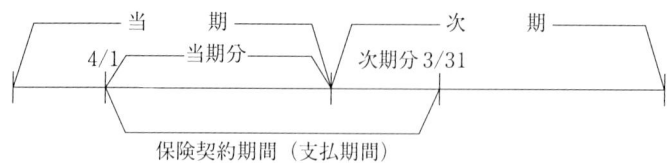

　売掛金や受取手形については，過去の経験から債権金額の全部が回収されないことが分かっているとき，この回収不能見込額を売上があった期間の費用として計上することが慣習となっている。このとき計上される費用が貸倒引当金繰入額である。たとえば，売掛金と受取手形の期末残高が5,800,000円であったとき２％の貸倒率を設定するとすれば，貸倒引当金繰入額は116,000円とな

る。この費用は販売費及び一般管理費に表示される。売掛金や受取手形の帳簿価額を計算するときに，貸倒見積額が債権金額より控除される。

6．会計帳簿

　これまで，(会計)帳簿として仕訳帳と総勘定元帳について説明してきたが，企業はこれ以外にも数冊あるいは数十冊の帳簿をもっている。会計帳簿には，仕訳帳と総勘定元帳の主要簿のほかに，補助簿がある。補助簿には，次に示すように補助記入帳と補助元帳がある。

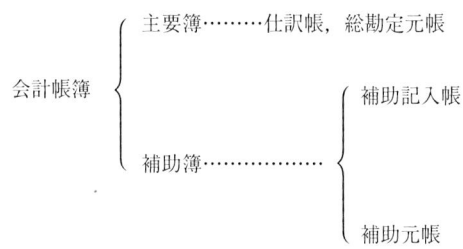

　補助記入帳は取引を発生順に詳細に記録する補助簿である。たとえば，商品を現金で売り上げたという場合，仕訳では示すことのできない情報（得意先名，商品名，数量，価格など）を売上帳に記録する。売上帳のほかに現金出納帳，当座預金出納帳，仕入帳などがある。
　補助元帳は，総勘定元帳の特定の勘定について商品別や得意先・仕入先別に増減を記録する補助簿であり，総勘定元帳の勘定が親勘定，補助元帳の各勘定は子勘定という関係にある。商品有高帳，得意先元帳（または売掛金元帳），仕入先元帳（または買掛金元帳）などがある。
　補助簿を設けることによって1つの取引の情報が複数の帳簿に記録されることになるが，記録をいくつかの部署で分担して行うので，記録の誤謬の発見や不正の防止と発見に役立つ，財産の保全に役立つ，経営管理に必要な基礎データが収集できる，などの利点がある。

演習問題

[問題1] 次の空欄に入る用語の組み合わせとして正しいのはどれか。
「企業会計において，取引を日付順に借方と貸方に分けて記録する帳簿が ① ，取引を勘定科目ごとに記帳・整理し，決算に必要な基礎資料を提供する役割を果たす帳簿が ② である。」

	①	②
ア	仕訳帳	総勘定元帳
イ	総勘定元帳	仕訳帳
ウ	仕訳帳	試算表
エ	試算表	総勘定元帳

[問題2] 次は，簿記の一連の手続きを図示したものである。空欄に入る適当な語句を解答群から選びなさい。

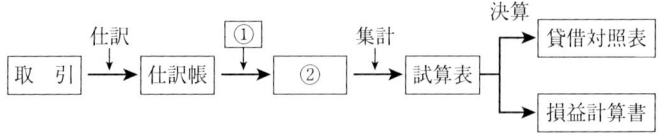

	①	②
ア	転記	補助簿
イ	分解	伝票
ウ	転記	総勘定元帳
エ	分解	総勘定元帳

[問題３] 次の取引は，どの要素分解の組み合わせになるか。
取引「商品を350,000円で掛け売りした」

	＜借方要素＞	＜貸方要素＞
ア	資産の増加	資産の減少
イ	費用の発生	負債の増加
ウ	資産の増加	負債の増加
エ	負債の減少	収益の発生
オ	資産の増加	収益の発生

[問題４] 現金による回収以外の理由で売掛金が減少したとき，会計データベースを対象として原因を調査する場合，適切な方法はどれか。
　ア　貸方，借方ともに"売掛金（商品）"であるデータを抽出し，その取引について，内容及び理由を確かめる。
　イ　貸方，借方ともに"売掛金（部門）"であるデータを抽出し，その取引について，内容及び理由を確かめる。
　ウ　貸方が"売上"で，借方が"売掛金"のデータを抽出し，その取引について，内容及び理由を確かめる。
　エ　貸方が"売掛金"で，借方が"現金"以外の勘定科目のデータを抽出し，その取引について，内容及び理由を確かめる。

（セキュリティ・アドミニストレーター，平成14年度）

[問題５] 次の取引の仕訳として正しいものはどれか。
取引「商品を120,000円で掛け売りした。」
　ア　（買掛金）　120,000　　（売　上）　120,000
　イ　（未収金）　120,000　　（売　上）　120,000
　ウ　（売掛金）　120,000　　（売　上）　120,000
　エ　（現　金）　120,000　　（売　上）　120,000

[問題6] 貸借対照表と損益計算書の関係を示す図中の □ に入れるべき適切な字句の組み合わせはどれか。

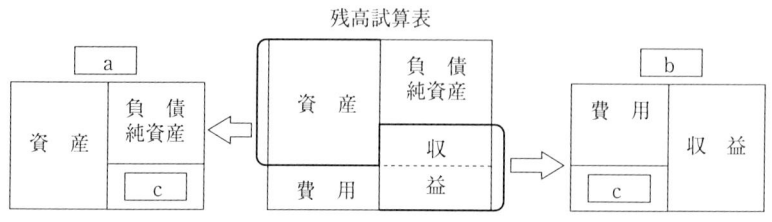

	a	b	c
ア	損益計算書	貸借対照表	原　価
イ	損益計算書	貸借対照表	純利益
ウ	貸借対照表	損益計算書	原　価
エ	貸借対照表	損益計算書	純利益

(第二種，平成9年秋)

第3章 売上原価の計算

1．売上原価の算定方法

　スーパーや百貨店，小売店，卸売店では，売れそうな商品を仕入先より購入し，顧客，得意先にこれを販売することによって，利益を上げている。その際，仕入れた商品の価格を仕入原価または仕入高と呼び，販売した商品の価格を販売価額とか売上高と呼んでいる。利益は商品を販売したときに獲得される。この利益は商品を売買したことから生じたので「商品売買益」とか「売上総利益」と呼ばれる。売上総利益は，売上高と売上原価との差額である。売上原価は販売した商品の仕入原価のことである。企業は，将来の販売に備えるために商品の在庫をもつ。その場合の売上原価は次に掲げる公式で算出される。

> 売上高 − 売上原価 ＝ 売上総利益
> 売上原価 ＝ 期首商品棚卸高 ＋ 当期商品仕入高 − 期末商品棚卸高

例題1

　次のデータにより売上原価と売上総利益を計算しなさい。

　［データ］
　　当期商品仕入高　　2,528,000円
　　期末商品棚卸高　　　425,000円
　　当期売上高　　　　3,354,000円

期首商品棚卸高　　334,000円

[解　答]

上記の公式に当てはめると次の結果を得る。

売上原価 ＝ 334,000円 ＋ 2,528,000円 － 425,000円
　　　　＝ 2,437,000円

売上総利益 ＝ 3,354,000円 － 2,437,000円
　　　　　＝ 917,000円

２．計算のルール

商品は大量に購入すると販売できるまで倉庫に保管しておかねばならないから，保管費がかかったり，保管中や品出しなどのときにきずをつけたり品痛みを起こし販売できなくなる危険がある。そこで，何回かに分けて仕入れるのが普通である。しかし，商品は物価の変動を受けるので，常に同じ値段で購入できるとは限らない。むしろ仕入れるたびに異なってくるのが現実である。同じ商品であっても仕入れる時点が異なると仕入原価も異なるから，それを倉出しするときにどの時点に仕入れた単価のものを倉出ししたのかを区別しておくことは不可能である。このような場合には，一種の仮定を用いて計算される。

商品を仕入れるつど仕入価格が異なるときの計算方法として，図表３－１に示すようなルールがある。

図表３－１　払出計算のルール

先入先出法	
後入先出法	都度後入先出法
	期間後入先出法
平均法	移動平均法
	総平均法

① 先入先出法（First-In First-Out；FIFO）

商品の仕入れた順に払出（販売）の仕入価格を決める方法。買入順法ともいう。

② 後入先出法（Last-In First-Out；LIFO）

商品の払い出し価格を，新しい仕入価格から決めていく方法。買入逆法ともいう。これには，都度後入先出法と期間後入先出法がある。都度後入先出法は，払出（販売）時の在庫状況に適用されるのに対して，期間後入先出法は，たとえば1カ月分の仕入状況に適用される。

FIFOでは，先に仕入れた商品単価つまり古い単価の商品から払い出されたと仮定する。LIFOでは，もっとも新しい単価の商品から払出しがなされたと仮定する。

たとえば，図表3－2に示したような受入状況において，300個を払い出すとすれば，払出価額（売上原価）は次のように計算される。

FIFO　　200個 × 100円 ＋ 100個 × 120円 ＝ 32,000円

LIFO　　100個 × 128円 ＋ 200個 × 120円 ＝ 36,800円

図表3－2　FIFOとLIFO

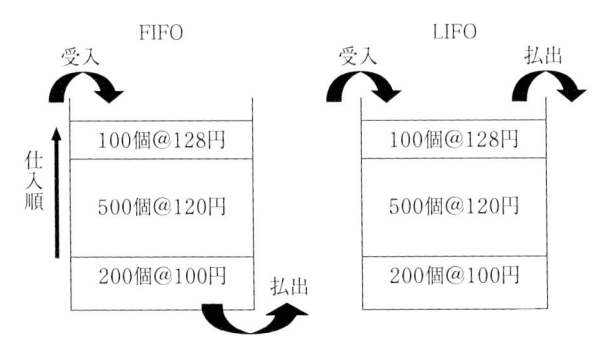

FIFO	LIFO
100個@128円	100個@128円
500個@120円	500個@120円
200個@100円	200個@100円

（FIFO：受入は上から、払出は下から／仕入順は下から上）
（LIFO：受入・払出ともに上から）

③ 平均法

在庫の加重平均価格を計算して払出の価格に用いる方法であり，これには，移動平均法と総平均法がある。移動平均法は，商品を仕入れる都度，その残高

の平均価格（加重平均）を計算し，その平均価格を用いて払い出し価格を決定する。総平均法は1カ月とか半年といったような単位で総平均仕入価格を計算し，その期間中の払い出し価格を決定する。

図表3－2の数値例を用いて，総平均法によって平均単価を計算すると，次のようになる。

$$200個 \times @100円 = 20,000円$$
$$500個 \times @120円 = 60,000円$$
$$\underline{100個 \times @128円 = 12,800円}$$
$$\underline{\underline{800個}} \qquad \underline{\underline{92,800円}}$$

$$平均単価 = \frac{92,800円}{800個} = 116円$$

300個の払出価額は，300個 × @116円 = 34,800円となる。

なお，商品別に，商品の出し入れや残高を記録する帳簿（補助元帳）が商品有高帳である。

例題2

×1年7月中のW商品の受け払いデータに基づいて，先入先出法，後入先出法（期間），総平均法によって当月の売上原価を計算しなさい。

7／1	前月繰越高	在庫量 150個，単価 @80円
7	仕入れ	購入量 350個，仕入価格 @90円
13	売上げ	販売量 280個
22	仕入れ	購入量 300個，仕入価格 @95円
28	売上げ	販売量 250個

解　答

＜先入先出法＞

7／13の売上原価　　150個 × 80円 ＝ 12,000円
　　　　　　　　　　130個 × 90円 ＝ 11,700円　計　23,700円
　28の売上原価　　220個 × 90円 ＝ 19,800円
　　　　　　　　　　 30個 × 95円 ＝ 2,850円　計　22,650円
　売上原価合計　　　　　　　　　　　　　　　　　46,350円

＜期間後入先出法＞

7／13の売上原価　　280個 × 95円 ＝　　　　　　26,600円
　28の売上原価　　 20個 × 95円 ＝　1,900円
　　　　　　　　　　230個 × 90円 ＝ 20,700円　計　22,600円
　売上原価合計　　　　　　　　　　　　　　　　　49,200円

＜総平均法＞

月平均単価 ＝（12,000円 ＋ 31,500円 ＋ 28,500円）／（150個 ＋ 350個 ＋ 300個）＝ 90円

7／13の売上原価　　280個 × 90円 ＝ 25,200円
　28の売上原価　　250個 × 90円 ＝ 22,500円
　売上原価合計　　　　　　　　　　　47,700円

　例題のように，物価の上昇（インフレ）時には後入先出法がもっとも売上原価が大きくなる。したがって，物価上昇時には後入先出法では利益が少なく示され，それゆえ価格上昇による利益を低く押さえることができるので，節税効果が期待できる。

　いずれの仮定を採用しようとも，結果としては，図表3－3のような仕組みで原価を配分していることになる。

図表3－3　商品の原価配分

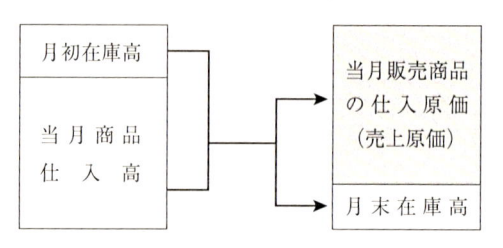

```
┌─────────┐
│ 月初在庫高 │─┐      ┌─────────┐
├─────────┤ │  ┌──→│当月販売商品│
│         │ │  │    │の 仕 入 原 価│
│ 当 月 商 品 │ ├──┤    │ （売上原価） │
│ 仕  入  高 │ │  │    ├─────────┤
│         │ │  └──→│ 月 末 在 庫 高 │
└─────────┘─┘      └─────────┘
```

　なお，期末の在庫高（棚卸高）に関して，帳簿棚卸数量と実地棚卸数量（在庫調べをした数量）が異なることがある。この差額を棚卸減耗といい，金額で表したものが棚卸減耗費である。

―――――――――― 演 習 問 題 ――――――――――

［問題1］期首商品棚卸高が30百万円，当期商品仕入高が100百万円，期末商品棚卸高が20百万円であるとき，当期の売上原価は何百万円か。
　　ア　50　　　イ　70　　　ウ　90　　　エ　110
（基本情報，平成15年秋）

［問題2］次の文章について，正誤の組み合わせとして正しいものはどれか。
① インフレーション期に棚卸資産（在庫高）を先入先出法で評価すると，後入先出法で評価したときよりも，売上総利益は少なくなる。
② 棚卸資産（在庫高）を過大評価すると，利益は少なくなる。

	①	②
ア	正	正
イ	正	誤
ウ	誤	正
エ	誤	誤

[問題３] ある商品の前月繰越と受払いが，表の通りであるとき，先入先出法によって算出した売上原価は何円か。

10月1日	前月繰越	100個	取得原価	200円／個
10月5日	仕　　入	50個	取得原価	215円／個
10月15日	売　　上	70個		
10月20日	仕　　入	100個	取得原価	223円／個
10月25日	売　　上	60個		

ア　26,450　　　イ　27,250　　　ウ　27,586　　　エ　28,130

（初級シスアド，平成12年春）

[問題４] 購入単価が徐々に上昇する傾向の商品がある。この商品は，前期末在庫があり，当期中にも何回か入出庫の実績があった。当期末において保有している在庫を評価するとき，一般に最も評価額が高くなる評価方式はどれか。

ア　後入先出法　　イ　移動平均法　　ウ　先入先出法　　エ　総平均法

（基本情報，平成12年度秋）

[問題５] 次の資料から，期末在庫品を先入先出法で評価した場合と後入先出法で評価した場合の在庫金額を比較する。正しい記述はどれか。

〔資料〕

期首有高　　　10個　　単価10円
4月仕入高　　 1個　　単価11円
6月仕入高　　 2個　　単価12円
7月仕入高　　 3個　　単価13円
9月仕入高　　 4個　　単価14円
期末有高　　　15個

ア　先入先出法で評価した場合の方が，19円高い。
イ　先入先出法で評価した場合の方が，19円低い。
ウ　先入先出法で評価した場合の方が，8円高い。
エ　先入先出法で評価した場合の方が，8円低い。

（初級シスアド，平成10年度）

[問題6]　決算において，棚卸減耗費として処理するものはどれか。
ア　期中に購入した有価証券の時価が期末に下落している場合
イ　仕入れた商品の時価が期末に下落している場合
ウ　実地棚卸数量が帳簿数量に満たない場合
エ　有形固定資産を定額法で減価償却する場合

（初級シスアド，平成20年秋）

[問題7]　部品の受払記録が表のように示される場合，先入先出法を採用したときの4月10日の払出単価は何円か。

取引日	取引内容	数量（個）	単価（円）	金額（円）
4月1日	前月繰越	2,000	100	200,000
4月5日	購　入	3,000	130	390,000
4月10日	払　出	3,000		

ア　100　　イ　110　　ウ　115　　エ　118

（基本情報，平成21年春期）

第4章 減価償却

1．減価償却とは

　建物や備品などの資産（これを有形固定資産という。ただし土地は除く）は長期間使用され，使用とともに，また期間の経過とともに資産としての価値が減少していく，つまり減価する。その減少分を毎期費用として計上していくことが，適正な損益を計算する上で不可欠である。この費用化の手続きを減価償却という。この減価償却によって計上される毎期の費用を減価償却費と呼んでいる。通常，この手続きは決算のときに行われる。

　図表4－1のように，減価償却は有形固定資産の取得価額のうち耐用年数にわたって減価分を費用として配分していく手続きといえる。

　ここで，取得価額（取得原価ともいう）とは当該有形固定資産の購入価額のことであり，残存価額は利用後の価値であり，廃材価値（スクラップ・バリュー）のことである。通常は税法に規定する取得価額の10％と見積もられる。なお，

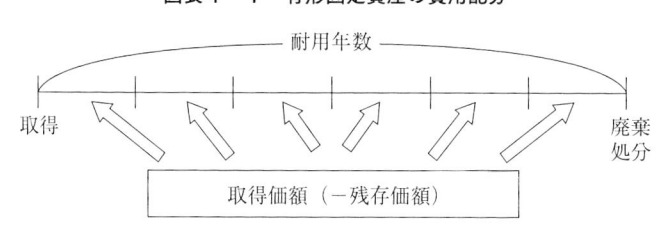

図表4－1　有形固定資産の費用配分

平成19年（2007年）4月1日以後に取得された償却資産は耐用年数経過時点に1円（備忘価額）まで償却できる。耐用年数は当該固定資産の利用可能期間のことであり，通常税法に定める法定耐用年数が用いられる。

2．減価償却費の計算方法

　減価償却額の計算方法として，期間を基準とする方法と，生産高を基準とする方法がある。

＜期間を基準とする方法＞
　期間を基準とする方法には，定額法と定率法などがある。
　定額法は，減価額は利用期間を通じて毎期同額であるとする仮定である。次の公式によって，毎期の減価償却費を計算する。

$$毎期の減価償却費 = \frac{取得価額 - 残存価額}{耐用年数}$$

　これに対して，定率法は一定率で逓減させていく方法で，最初の年度に多額の減価償却を行い，期間の経過とともに少なくなっていくという仮定である。この方法は特に陳腐化のスピードが激しい固定資産，たとえば，パソコンや加工機械などには適切な方法である。毎期の減価償却費は次の公式で求める。

$$毎期の減価償却費 = （取得価額 - 減価償却累計額）\times 償却率$$
$$= 帳簿価額 \times 償却率$$
$$償却率 = 1 - \sqrt[耐用年数]{残存価額/取得価額}$$

　上式で，取得価額から減価償却累計額を控除した金額は，帳簿価額（または単に簿価という）と呼ばれている（図表4-2参照）。償却率は，耐用年数経過後に帳簿価額がちょうど残存価額となるような割合を意味する。定額法と定率法に

よる減価償却額の相違を図示すると図表4－3の通りである。

図表4－2　帳簿価額の計算

図表4－3　定額法と定率法

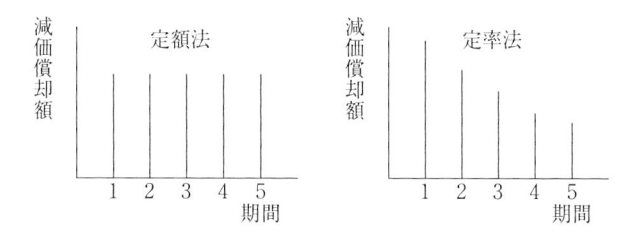

例題1

19X1年の初めに取得した建物（取得価額2,000,000円）に対して定額法によって減価償却を行った場合，毎年の減価償却費，減価償却累計額，帳簿価額を計算しなさい。この建物の耐用年数は5年，残存価額は取得価額の10％とする。決算は年1回である。

[解 答]

年	減価償却額	減価償却累計額	帳簿価額
19X1	360,000円	360,000円	1,640,000円
19X2	360,000円	720,000円	1,280,000円
19X3	360,000円	1,080,000円	920,000円
19X4	360,000円	1,440,000円	560,000円
19X5	360,000円	1,800,000円	200,000円 ← 残存価額

例題2

19X1年初めに取得価額2,000,000円で取得した備品の次の年度の毎期の減価償却額，減価償却累計額および帳簿価額を計算しなさい。定率法によって計算し，その償却率は年36.9％（残存価額を取得価額の10％，耐用年数を5年で計算）とする。ただし，端数は百円未満繰り上げるものとする。

[解 答]

年	減価償却額	減価償却累計額	帳簿価額
19X1	738,000円	738,000円	1,262,000円
19X2	465,700円	1,203,700円	796,300円
19X3	293,900円	1,497,600円	502,400円
19X4	185,400円	1,683,000円	317,000円
19X5	117,000円	1,800,000円	200,000円 ← 残存価額

＜生産高を基準とする方法＞

全飛行時間を見積もることのできる航空機や全走行距離数を見積もれる車両運搬具，埋蔵量を予測できる鉱山関係の設備については，その利用度や埋蔵割合に応じて減価償却する，いわゆる生産高比例法を用いることができる。次式（鉱山用設備の場合）で毎期の減価償却費を計算するが，定額法や定率法のような規則性はない。実際の利用時間や採掘量を測定する手間がかかる。

$$減価償却額 = (取得価額 - 残存価額) \times \frac{当期採掘量}{予想総埋蔵量}$$

例題3

4,500万円の鉱山関係設備を生産高比例法によって減価償却する。この鉱山の予想埋蔵量は5,000トン，設備の残存価額は450万円とする。当期に850トンを採掘した。

解答

$$(4,500万円 - 450万円) \times \frac{850トン}{5,000トン} = 688.5万円$$

3．減価償却の記録方法

　減価償却の会計処理には，直接法と間接法がある。直接法は，取得価額を減価償却額の分だけ毎年直接減額する方法であり，間接法はそれを間接的に減額する方法である。間接法の場合，減価償却額を○○減価償却累計額勘定に累積されていく。この勘定は，実質上は当該固定資産勘定から控除されるべき性質をもつ。たとえば，建物に関して減価償却を行う仕訳を直接法と間接法で示せば，次のようになる。

　直接法；(借方) 減価償却費　×××　(貸方) 建　　　　物　×××
　間接法；(借方) 減価償却費　×××　(貸方) 建物減価償却累計額　×××
　間接法で処理すれば，建物勘定は常に取得価額のままであり，取得してから現在までの減価償却費の累積額が減価償却累計額勘定で示される。直接法では取得価額や減価償却累計額を知ることはできない。通常，間接法で処理される。

例題4

決算時において，建物（取得価額8,000,000円）について定額法で減価償却する。この建物の耐用年数は30年，残存価額は取得価額の10%とする。会計期間は1年である。この決算仕訳を直接法と間接法で示しなさい。

解 答

直接法；
（借方）減価償却費　240,000　　（貸方）建　　　　物　240,000
間接法；
（借方）減価償却費　240,000　　（貸方）建物減価償却累計額　240,000
　　※毎年の減価償却費（8,000,000円 － 8,000,000円 × 10%）／30年 ＝ 240,000円

演習問題

[問題1] 次の文章のうち，間違っているものはどれか。
 ア　長期にわたって使用される，建物や土地などの資産は有形固定資産と呼ばれる。
 イ　すべての有形固定資産は減価償却の対象となる。
 ウ　有形固定資産の利用期間は，耐用年数と呼ばれる。
 エ　減価償却は利用期間にわたって費用化する手続きである。

[問題2] 100万円で購入したパソコンのシステムの減価償却を6年の定率償却とすると，1年目の減価償却額は約32万円である。2年目の減価償却額は約何万円になるか。
　　ア　10　　　　　イ　22　　　　　ウ　32　　　　　エ　68
（初級シスアド，平成12年春）

[問題3] 定率法による減価償却費の計算式はどれか。
　ア　（取得価額－減価償却累計額）×償却率
　イ　（取得価額－減価償却累計額）÷耐用年数
　ウ　（取得価額－残存価額）×償却率
　エ　（取得価額－残存価額）÷耐用年数

（初級シスアド，平成15年春）

[問題4] 当期末における残高試算表（一部分）から当期の建物の減価償却費を計算すると，何千円になるか。ここで，償却方法は定額法，耐用年数は20年とし，残存価額は取得価額の10％とする。

	残高試算表		（単位：千円）
建　物	10,000	建物減価償却累計額	3,600

　ア　270　　　イ　320　　　ウ　450　　　エ　500

（初級シスアド，平成13年秋）

[問題5] ある固定資産の未償却残高は225,000円であった。この資産の減価償却には定率法を用いており，償却率は0.25である。前期末までに2年が経過しているとき，この資産の取得価額は何円か。
　ア　225,000　　イ　281,250　　ウ　351,563　　エ　400,000

（上級シスアド，平成13年）

[問題6] 減価償却の方法として認められているものはどれか。
　ア　移動平均法　　　　イ　最終取得原価法
　ウ　定率法　　　　　　エ　持分法

（基本情報，平成21年秋）

［問題 7］20 万円で購入したパソコンを 3 年後に 1 万円で売却したとき，固定資産売却損は何円か。ここで，耐用年数を 4 年，残存価額を取得価額の10％として，定額法で償却計算をするものとする。

　ア　40,000　　　　イ　45,000　　　　ウ　55,000　　　　エ　65,000

（IT ストラテジスト，平成17年度）

第5章 財務諸表

1．貸借対照表の構成

　貸借対照表の資産と負債は，正常営業循環基準と一年基準（ワン・イヤー・ルール）によって，流動資産（流動負債）と固定資産（固定負債）に区分される。正常営業循環基準とは，正常な営業活動で発生する資産（または負債）を流動資産（または流動負債）とし，それ以外を固定資産または固定負債とする方法である。一年基準は，決算日の翌日から1年以内に現金化や費用化される資産（負債）を流動資産（流動負債）とし，1年を超えて現金化される資産（負債）を固定資産（固定負債）とする方法である。

　通常の営業活動で発生する資産と負債は一年基準を用いないで，これを流動資産や流動負債とする。通常の営業活動とは，商企業であれば，商品の売買活動であり，工企業であれば，原材料の仕入れ，製品の製造，製品の販売の一連の活動を指している。この過程で発生する売掛金や受取手形の売上債権や商品，原材料，製品などの棚卸資産は流動資産とする。その他の資産と負債については一年基準が適用される。たとえば，借入金は返済期限が1年を超えるものは固定負債，1年未満のものは流動負債とする。

　現行の制度では，まず，正常営業循環内にある資産や負債を流動資産または流動負債とする。次に，正常営業循環外にある資産・負債は一年基準によって，流動項目と固定項目に分類される。図表5－1のようになる。

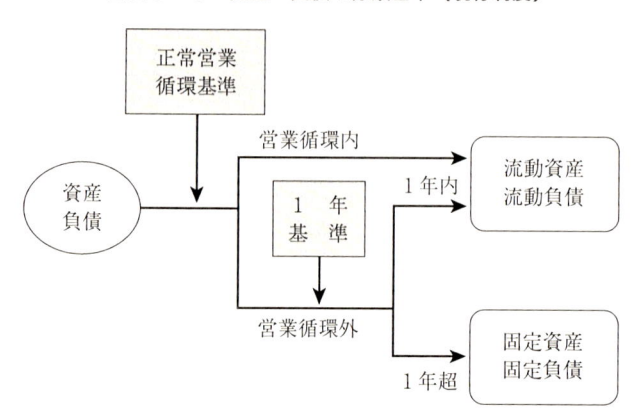

図表5－1　資産・負債の分類基準（現行制度）

```
           ┌──────┐
           │正常営業│
           │循環基準│
           └──────┘
                │
              営業循環内        ┌──────┐
    ┌──┐        │        1年内  │流動資産│
    │資産│────┬─────→┌──┐──────→│流動負債│
    │負債│    │    │1年│          └──────┘
    └──┘    │    │基準│
              │    └──┘          ┌──────┐
              │        │  1年超  │固定資産│
              └────────┴───────→│固定負債│
              営業循環外          └──────┘
```

なお，所有する有価証券のうち，「売買目的有価証券」は市場性があり一時的所有に限られ，流動資産に記載する。市場性のない有価証券（投資有価証券）や1年を超えて所有するもの（満期保有債券や子会社株式，関係会社株式など）は，固定資産となる。

貸借対照表の分類表示は図表5－2のようになる。

図表5－2　貸借対照表の分類

```
┌─────────────────────────────────────┐
│           貸 借 対 照 表                │
│                                         │
│   資産の部            負債及び純資産の部 │
│ Ⅰ．流動資産              負債の部       │
│ Ⅱ．固定資産          Ⅰ．流動負債       │
│   1．有形固定資産     Ⅱ．固定負債       │
│   2．無形固定資産         純資産の部     │
│   3．投資その他の資産 Ⅰ．株主資本       │
│ Ⅲ．繰延資産           Ⅱ．評価・換算差額等│
│                       Ⅲ．新株予約権     │
└─────────────────────────────────────┘
```

流動資産は，当座資産，棚卸資産，その他の流動資産に分類される。当座資産には，現金預金，売上債権（商品・製品の売上に伴う債権で，受取手形と売掛金である），有価証券などが含まれる。棚卸資産には，商品，製品，原材料，仕掛品（製品の未完成），消耗品等が含まれる。その他の流動資産としては，短期貸付金，前払費用，未収金などが含まれる。

　固定資産は大きく有形固定資産，無形固定資産，投資その他の資産に区分される。有形固定資産には，建物，備品，土地，機械，車両運搬具，建設仮勘定（建設中の設備に対する支払）などがある。無形固定資産は特許権，実用新案権，意匠権，商標権の産業財産権のほかに，のれん，ソフトウェア，著作権などがある。のれんは他社を買収する際に，買収価額＞受入純資産額のときの差額である（マイナスのときは負ののれん）。投資その他の資産には，長期貸付金，投資有価証券，子会社株式，関係会社株式，投資不動産などが含まれる。

　資産には流動資産と固定資産のほかに繰延資産がある。繰延資産はすでに支出が行われ，その効果が支出した年度だけではなく将来の期間にも及び，将来の収益に対応させることが妥当とされるものをいう。創立費（会社を設立するのに要した費用），開業費（会社設立後営業開始までに要した費用），株式交付費，社債発行費，開発費（新技術または新経営組織の採用，新市場の開拓等のために支出した費用）が該当する。繰延資産は支出効果の及ぶ将来の期間にわたって償却される。たとえば，創立費は会社設立のときから5年以内に，株式交付費は株式交付の時から3年以内に定額法などによって規則的に償却される。

　流動負債には，買掛金および支払手形の仕入債務のほかに，短期借入金，未払金，前受金，前受収益，預り金などが含まれる。

　固定負債には，長期借入金，社債（会社が発行した債券），負ののれん，退職給付引当金などが記載される。

　純資産の中の株主資本の内訳を示すと「資本金」，「資本剰余金」，「利益剰余金」および「自己株式」（自己株式はマイナス）となる。

例題1

資産と負債の分類に関する次の文章のうち，正しいものの適切な組み合わせを選びなさい。
① 資産は，まず一年基準によって，流動資産と固定資産に分類される。
② 資産は，まず正常営業循環基準によって流動資産と固定資産に分類される。
③ 負債は，まず一年基準によって，流動負債と固定負債に分類される。
④ 負債は，まず正常営業循環基準によって流動負債と固定負債に分類される。

ア ①③　イ ①④　ウ ②③　エ ②④

（ビジネス会計検定3級，第2回，一部修正）

解　答

図表5－1で示されているように，資産と負債はどちらも，まず「正常営業循環基準」によって流動と固定に区分されるので，②と④が正しい。したがって，エとなる。

2．損益計算書の構成

損益計算書は収益と費用によって構成されるが，収益と費用は次のように分類される。

＜収　益＞
・売上高……商品の販売による収益（売価で計算される）。収益の大部分を占める。
・営業外収益………通常の営業活動とは関係のない活動（主に財務活動）によって獲得された収益。貸付金の受取利息，受取配当金，有価証券利息，有価証券売却益，負ののれん償却など。

- 特別利益………臨時的・異常な性質をもつ利益，前期損益修正益を指す。固定資産売却益，貸倒引当金戻入など。

＜費　用＞
- 売上原価………販売された商品の仕入原価または製品の製造原価。
- 販売費及び一般管理費………商品の購入・販売，それに伴う管理活動から生ずる費用。給料，広告費，支払家賃，貸倒引当金繰入，減価償却費，のれん償却額，ソフトウェア償却，通信費，雑費など多数。
- 営業外費用……… 通常の営業活動とは関係のない活動（主に財務活動）によって発生した費用。借入金の支払利息，社債利息，有価証券売却損，雑損など。
- 特別損失………臨時的・異常な性質をもつ損失，前期損益修正損を指す。固定資産売却損，火災損失など。

損益計算書では，以上の分類を用いて段階的にいくつかの利益額を計算する。図表5-2は損益計算書の構造を示したものである。「売上総利益」は商品や製品の売買から直接得られる利益であり，「営業利益」は通常の営業活動から得られる利益，つまり本業の利益を表す。「経常利益」は営業利益に財務活動による費用・収益を加味した毎期の経常的な経営活動から得られる利益である。「税引前当期純利益」は，当期の経営活動には直接には関係しない臨時的・異常な損益を考慮した利益である。

図表5-3　損益計算書の区分表示

売上高	×××
売上原価	－×××
売上総利益	×××
販売費及び一般管理費	－×××
営業利益	×××
営業外収益	＋×××
営業外費用	－×××
経常利益	×××
特別利益	＋×××
特別損失	－×××
税引前当期純利益	×××
法人税等	－×××
当期純利益	×××

企業活動には，本業としての商品売買活動，製品製造活動以外にも，財務活動などがある。

営業活動 ｛ 商品・材料の購買活動
製品の製造活動
商品・製品の販売活動

営業外活動（財務活動）

　損益計算書は，これらの活動別に損益が計算される。営業活動からの収益は営業収益，つまり売上高となり，営業活動からの費用は営業費用，つまり売上原価と販売費・一般管理費となる。営業活動から獲得される利益が「営業利益」である。営業外活動からの収益が営業外収益，営業外活動からの費用が営業外費用となる。

　なお，研究開発目的ではなく，自社利用目的のソフトウェアを税法に従って無形固定資産として計上した場合には，5年間に均等額償却されるが，その償却は販売費及び一般管理費に表示される（詳細は第8章を参照）。

　営業外活動からの収益・費用について取り上げよう。有価証券売却損益は手持ちの株や債券を売却したときに生ずる損益であり，取得価額よりも高く売却したときに「有価証券売却益」，低く売却したときに「有価証券売却損」となる。売買目的有価証券は決算時の時価で評価するから，帳簿に記載されている価額（簿価）と決算時の時価が相違するときに，有価証券評価損益が発生する。時価が簿価より高くなったときに「有価証券評価益」，低くなったときに「有価証券評価損」となる。

　他社株式を所有し，配当金を受け取ったときには「受取配当金」，債券の利息を受け取ったときには「有価証券利息」（いずれも営業外収益）となる。また，借入金の利息を支払ったとき「支払利息」，自社の発行した社債の利息を支払ったときには「社債利息」となる。

　この営業外費用には，繰延資産の償却も計上される。たとえば，創立費償却，開業費償却がそうである。

　特別利益と特別損失に計上される項目は，当期の業績とは関係なく，臨時的に発生したり（毎期発生するものではない），たまたま当期に過去の誤謬が発見されたために計上されたものである。

演習問題

[問題1] 次の項目（勘定科目）のうち，ワン・イヤー・ルール（一年基準）によって流動資産と固定資産とに区分される項目はどれか。
　ア　売掛金　　　イ　商品　　　ウ　当座預金　　　エ　貸付金

[問題2] A群に含まれる項目（勘定科目）例をB群に例示した。組み合わせとして間違っているものはどれか。

	A 群	B 群
ア	売上債権	受取手形
イ	有形固定資産	車両運搬具
ウ	棚卸資産	原材料
エ	投資その他の資産	社債

[問題3] 令和×1年12月31日現在の勘定残高から，流動資産の金額を計算し，正しい金額を選択しなさい。（単位：円）

勘定残高：
　売　掛　金　206,800　　　商　　品　89,620　　　商標権　165,000
　短期貸付金　120,000　　　現　　金　154,000　　　買掛金　198,370
　短期借入金　50,000　　　建　物（簿価）446,500
　長期貸付金　120,000　　　社　　債　140,000

　ア　361,800　　　イ　451,420　　　ウ　570,420　　　エ　690,420

[問題4] 経常利益の説明として，適切なものはどれか。
　ア　売上高－売上原価

イ　売上高－（売上原価＋販売費＋一般管理費）
ウ　売上高－（売上原価＋販売費＋一般管理費）＋営業外収益－営業外費用
エ　売上高－（売上原価＋販売費＋一般管理費）＋営業外損益－特別損益

(システム運用管理，平成11年)

[問題5] A群に含まれる項目（勘定科目）例をB群に例示した。組み合わせとして正しいものはどれか。

	A 群	B 群
ア	販売費及び一般管理費	支払利息
イ	営業外費用	固定資産売却損
ウ	営業外収益	有価証券評価益
エ	特別損失	有価証券利息

[問題6] 次の損益計算書から，営業利益を求めよ。金額単位はすべて百万円とする。

表　損益計算書

項　目	金　額
売上高	3,600
販売費及び一般管理費	500
営業外収益	80
営業外費用	60
経常利益	230

ア　170　　　イ　210　　　ウ　250　　　エ　270

(プロジェクトマネージャ，平成9年)

第6章 連結会計

1．連結会計

　現在の会計制度では，単体の財務諸表（個別財務諸表）ではなく，連結財務諸表が中心となっている。親会社は，法的には独立した会社であっても，経済的には関連し合っている複数会社の集団（グループ）としての決算書，つまり連結財務諸表を作成することが義務づけられている。連結の対象となる会社（連結会社）は，支配従属関係によって決まる。たとえば，図表6－1のように，Z会社がA社とB社とC社を支配しているとすれば，この4社が連結に含められ，企業集団としての業績が開示されなければならない。

　親会社は，原則としてすべての子会社を連結の範囲に含めなければならない。親会社とは，他の会社を支配する会社であり，支配される会社を子会社という。「支配する」とは，ある会社の議決権のある株式の過半数を保有してい

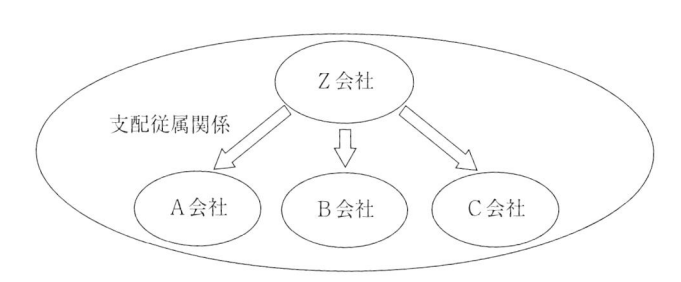

図表6－1　支配・従属関係

るか（持株基準），その40％以上の株式を保有し，かつ役員の派遣等によってその会社の意思決定機関を支配していること（支配力基準）をいう。親会社とその子会社が他の会社の議決権の過半数を所有していれば，その会社も連結の対象となる。

連結財務諸表には，連結貸借対照表，連結損益計算書，連結キャッシュフロー計算書がある。

例題１

各社に次のような関係があるとき，Ａ社の連結決算に含められる会社はどれか。
- Ａ社はＢ社の議決権の60％を所有している。
- Ａ社はＤ社の議決権の20％を所有している。
- Ｂ社はＣ社の議決権の30％を所有している。
- Ｂ社はＤ社の議決権の40％を所有している。

ア　Ｂ社のみ　イ　Ｂ社とＣ社　ウ　Ｂ社とＤ社　エ　Ｂ社とＣ社とＤ社

解　答

Ｂ社の議決権の過半数を所有するので子会社である。また，Ａ社と子会社Ｂ社が併せて議決権の過半数を所有するＤ社も子会社となる。したがって，ウが正しい。下図を参照。

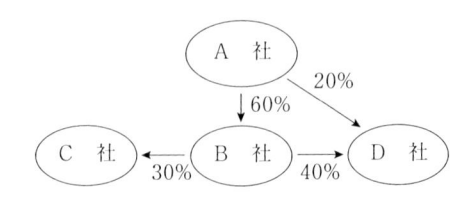

2．連結財務諸表の作成手順

連結財務諸表を作成するには，親会社と子会社のそれぞれの個別財務諸表を基礎として図表6－2のような手続きを実施する。

図表6－2　連結財務諸表の作成手順

親会社個別財務諸表 / 親会社個別財務諸表 ⇒ 合算 ⇒ 内部取引の相殺消去　未現実利益の消去 ⇒ 連結財務諸表

連結貸借対照表の作成上のポイントをあげれば次の通りである。
・子会社の資産および負債を時価で評価する。
・連結会社間の債権・債務を相殺消去する。
・親会社の投資勘定と子会社の資本勘定を相殺消去する。
・親会社の持分に属さない子会社の資本は「非支配株主持分」として，純資産に計上する。

連結貸借対照表の様式を示すと図表6－3のようになる。

図表6－3　連結貸借対照表の様式

```
              連 結 貸 借 対 照 表
       資産の部              負債及び純資産の部
  Ⅰ．流動資産                  負債の部
  Ⅱ．固定資産               Ⅰ．流動負債
    1．有形固定資産          Ⅱ．固定負債
    2．無形固定資産             純資産の部
    3．投資その他の資産      Ⅰ．株主資本
  Ⅲ．繰延資産               Ⅱ．評価・換算差額等
                            Ⅲ．新株予約権
                            Ⅳ．非支配株主持分
```

個別貸借対照表と比較すると，純資産の部に「非支配株主持分」が表示されていることが連結貸借対照表の特徴である。

なお，投資勘定と資本勘定の相殺消去において差額が生じた場合には「のれん」（子会社株式＞子会社資本の親会社持分のとき。逆の場合には負ののれんになる）で処理する。のれんは連結貸借対照表の無形固定資産に計上され，20年以内に償却する。のれん償却額は連結損益計算書の販売費及び一般管理費として表示される。また，連結貸借対照表の資本金は親会社の資本金（または資本）だけが計上されることにも注意されたい。

例題2

S社はP社の100％出資の子会社である。P社とS社の個別貸借対照表が次の通りであったとき，連結貸借対照表を作成しなさい（金額は故意に小さくしている）。

P社の個別貸借対照表（単位：円）

現　金	250	買掛金	280
商　品	400	借入金	250
建　物	500	資本金	1,000
貸付金	50		
投　資	330		

S社の個別貸借対照表（単位：円）

現　金	80	買掛金	60
商　品	150	借入金	50
建　物	210	資本金	330

※投資はすべてS社の株式であり，貸付金はすべてS社に対するものである。

解　答

P社の投資330円とS社の資本金330円，さらにP社の貸付金50円とS社の借入金50円が相殺消去される。その結果，連結貸借対照表は次のように作成される。

連結貸借対照表

現　金	330	買掛金	340
商　品	550	借入金	250
建　物	710	資本金	1,000

例題3

P社はS社の株式を80％所有している。P社とS社の個別貸借対照表が次の通りであったとき，連結貸借対照表を作成しなさい（金額は故意に小さくしている）。

P社の個別貸借対照表（単位：円）

現　　金	250	買掛金	214
商　　品	400	借入金	200
建　　物	500	資本金	1,000
投　　資	264		

※投資はすべてS社の株式である。

S社の個別貸借対照表（単位：円）

現　　金	80	買掛金	60
商　　品	100	資本金	330
建　　物	210		

解　答

P社の投資264円とS社の資本金330円の80％の264円が相殺消去され，少数株主持分の66円が計上される。その結果，連結貸借対照表は次のように作成される。

連結貸借対照表

現　　金	330	買　掛　金	274
商　　品	500	借　入　金	200
建　　物	710	資　本　金	1,000
		非支配株主持分	66

また，連結損益計算書の作成上のポイントをあげれば次の通りである。
・連結会社間の商品の売買取引を相殺消去する。
・子会社の支払配当金と親会社の受取配当金を相殺消去する。
・連結会社間で売買された商品・製品のうちの期末在庫に含まれる未実現利益を消去する。

連結損益計算書の様式は図表6－4のようになる。個別の損益計算書と異なるのは親会社株主に帰属する当期純利益を算出する直前に非支配株主に帰属す

る当期純利益または当期純損失を加算・減算することである。非支配株主帰属利益は減算され，非支配株主帰属損失は加算される。

図表6－4　連結損益計算書の様式

売上高	×××
売上原価	－×××
売上総利益	×××
販売費及び一般管理費	－×××
営業利益	×××
営業外収益	＋×××
営業外費用	－×××
経常利益	×××
特別利益	＋×××
特別損失	－×××
税金等調整前当期純利益	×××
法人税等	－×××
持分法投資損益±	
非支配株主帰属損益	±×××
当期純利益	×××

例題4

S社はP社の100％出資の子会社である。P社とS社の個別損益計算書が次の通りであったとき，連結損益計算書を作成しなさい。

P社の個別損益計算書

売上原価	450	売上高	650
販売費及び		営業外収益	8
一般管理費	100		
当期純利益	108		

S社の個別損益計算書

売上原価	70	売上高	120
販売費及び			
一般管理費	25		
当期純利益	25		

※S社の売上高はすべてP社に対するものである。当期純利益の内8円をP社に配当した。

解　答

S社の売上高120円とP社の売上原価120円，さらにP社の営業外収益（受取配当金）8円とS社の当期純利益8円を相殺消去する。その結果，次のような連結損益計算書が作成される。

連結損益計算書

売上原価	400	売上高	650
販売費及び一般管理費	125		
当期純利益	125		

例題5

個別の売上高が次のとき，連結後の売上高はいくらか。

(単位：百万円)

	A 社	B 社	C 社
売上高	100	30	20

A社はB社の議決権の80%を所有している。
B社はC社の議決権の40%を所有している。役員などは派遣していない。
A社の売上高の20%はB社に対するものである。
B社の売上高の40%はC社に対するものである。

ア　90　　　イ　110　　　ウ　130　　　エ　148

(システム監査，平成12年，一部修正)

解　答

B社はA社の子会社であるから，A社の売上高の20%つまり20百万円が相殺消去される。したがって，(100−20) + 30 = 110百万円が連結後の売上高となる。イが正しい。

3．持分法

重要性が乏しいなどの理由で連結から除外される子会社（非連結子会社）と関連会社については，持分法を用いて連結財務諸表に反映させる。ここに「関連

会社」とは，持株割合が20％〜50％以下の会社，または15％〜20％未満で重要な影響力をもつ会社をいう。持分法は連結とは異なって，個別財務諸表は合算せず，それらの会社の業績を持株割合に応じて連結財務諸表に反映するにすぎない。それゆえに，持分法は「一行連結」と呼ばれることもある。

たとえば，40％の持株比率をもつ持分法適用会社の当期純利益が250万円であったとき，100万円（250万円×40％）を連結財務諸表に取り込む。そのときの仕訳は次の通りである。

（借方）投資勘定　　100　　（貸方）持分法による投資損益　　100

なお，持分法による投資損益は（法人税とともに）税金等調整前当期純利益に加減される。

演習問題

［問題１］次の文章について，正誤の組み合わせとして正しいものを選びなさい。
① 連結財務諸表は親会社が作成する。
② Ｐ社がＡ社の子会社であれば，Ａ社はＰ社の親会社である。

ア　① 正　　② 正
イ　① 正　　② 誤
ウ　① 誤　　② 正
エ　① 誤　　② 誤

（ビジネス会計検定２級，第３回，一部修正）

［問題２］連結決算において，関連会社とは次のどれか。
ア　その会社の債務保証をしている。
イ　その会社の売上高の50％以上を占めている。

ウ　議決権のある株式の20％から50％を所有している。
エ　議決権のある株式の60％以上を保有している。

（システム監査，平成14年）

［問題３］次の文章について，正誤の組み合わせとして正しいものを選びなさい。
① 非支配株主帰属利益は，連結損益計算書だけに現れる項目で，子会社の利益のうち非支配株主に帰属する利益のことをいう。
② 持分法による投資利益は，連結損益計算書だけに現れる項目であり，営業外収益として表示される。

ア　①　正　　②　正
イ　①　正　　②　誤
ウ　①　誤　　②　正
エ　①　誤　　②　誤

（ビジネス会計検定２級，第２回，第４回，改題，一部修正）

［問題４］親会社が25％の株式を保有している関連会社が2,000百万円の純利益を計上した。この会社に持分法を適用した場合の連結損益計算書上の「持分法による投資損益」を計算し，正しい数値を選びなさい。（単位：百万円）
ア　0　　イ　500　　ウ　1,000　　エ　1,500　　オ　2,000

（ビジネス会計検定２級，第２回，一部修正）

［問題５］次の資料を基に，Ａ社の連結損益計算書を作成した場合の連結売上高は何百万円か。
・Ａ社は，Ｂ社の株式の80％を取得している。
・Ｂ社は，Ｃ社の株式の60％を取得している。
・Ｂ社は，Ｄ社の株式の20％を取得している。ただし，役員の派遣などは

ない。
- A 社の売上高は，700,000 百万円であり，その 10％は，B 社に対するものである。
- B 社の売上高は，350,000 百万円であり，その 20％は，D 社に対するものである。
- C 社の売上高は，250,000 百万円である。
- D 社の売上高は，200,000 百万円である。
- A 社と B 社，B 社と D 社以外の相互間取引はない。

ア　1,230,000　　　イ　1,300,000　　　ウ　1,360,000　　　エ　1,430,000

（IT ストラテジスト，平成19年度）

第7章 経営分析

　企業の経営活動の成績を会計数値を用いて指標化して評価する方法が行われている。これを財務諸表分析とか経営分析という。この指標は財務指標と呼ばれる。経営分析という場合，広くは生産性分析や株価に関する指標，さらには財務諸表を利用しない経営データの分析なども含まれる。

　財務諸表を用いた分析には，財務の安全性（または流動性），収益性，資本効率性，生産性，株価収益性の5つがある。

1．財務の安全性

　財務の安全性は債務の支払い能力（返済能力）を評価するものであり，以下のような指標があげられる。安全性の指標は，貸借対照表の構成内容を分析することによって得られる。財務の安全性には次のように短期の安全性と長期の安全性がある。

	指　標　例
短期の財務安全性	流動比率　　当座比率
長期の財務安全性	自己資本比率　　負債比率　　固定比率　　固定長期適合率

★流動比率

　短期的に支払期限の到来する債務を返済する能力を測定する。2対1の原則といわれるように200％が理想である。短期の支払能力を測定する代表的指標

である。流動負債を返済するには流動資産で行う必要がある。

$$流動比率 = \frac{流動資産}{流動負債} \times 100\%$$

★当座比率

商品・製品の販売などの過程を経ないで即座に短期の債務を返済できる能力を測定する指標である。酸性試験比率ともいう。100％以上が望ましい。流動比率よりもより確実な支払能力をみることができる。

$$当座比率 = \frac{当座資産}{流動負債} \times 100\%$$

★自己資本比率

営業資金および投資資金を借り入れによらないで自己資金（自己資本または株主資本）でどの程度賄っているかを測定する。この比率は高い方が望ましい。この比率が低いことは資金を借入れに依存していて，金利負担が重いことを意味する。資本構成の適否を示す。

$$自己資本比率 = \frac{自己資本}{総資本} \times 100\%$$

★負債比率

資本構成の関係から企業の長期支払能力を判断する指標である。低いほど望ましい。自己資本比率が高ければ，負債比率は低い。

$$負債比率 = \frac{負債総額}{自己資本} \times 100\%$$

★固定比率

設備投資が自己資本でどれだけ賄われたかを示し，投資の安全性を判断するための指標である。100％以下が望ましいとされる。つまり，設備投資は長期

にわたって資金が固定するから，返済不要な自己資金で賄われるべきである。資本構成の安定度を示す。

$$固定比率 = \frac{固定資産}{自己資本} \times 100\%$$

★固定長期適合率

固定資産が自己資本と固定負債の長期資本によってどれだけ賄われているかを示す指標である。わが国では，固定比率が100％以上であっても，設備投資の資金を長期借り入れで賄う習慣があることから，固定長期適合率が100％以下であればよいとしている。

$$固定長期適合率 = \frac{固定資産}{自己資本 + 固定負債} \times 100\%$$

例題 1

次の文章の正誤を答えなさい。

① 自己資本比率は，自己資本と他人資本から求められ，その値が低いほど堅実性があるといえる（初級シスアド，平成16年春）。

② 流動比率は，流動負債に対する流動資産の割合であり，その値が低いほど短期の支払能力がある（初級シスアド，平成16年春）。

③ 当座比率は，販売などの過程を経ないで，即時の支払能力を評価するのに用いられる。

④ 流動比率が100％以下の場合は，企業の支払能力が危険な状況にあることを示し，150％以上であれば安全，200％以上なら理想的である（第一種，平成10年春）。

⑤ 流動比率が高いことは，固定比率が低いことを意味している。

⑥ 流動比率で固定資産への投資の安全性を診断評価する。これは100％以下であることが必要である（第一種，平成10年春）。

⑦ 流動比率は，流動資産のうち直ちに支払手段となるもので，短期的な負債が弁済できるかどうかを検討するためのものである（第一種，平成10年春）。
⑧ 減価償却費が，過大に計上されると，自己資本比率は高くなる。

解 答
① 誤り。自己資本比率は高いほど堅実である。
② 誤り。流動比率は高いほど支払能力がある。
③ 正しい。流動資産には販売しないと現金化できない棚卸資産が含まれている。当座資産には棚卸資産は含まれない。
④ 正しい。
⑤ 誤り。必ずしもそのようにはいえない。固定負債が存在するからである。ただし，固定長期適合率は低いとはいえる。
⑥ 誤り。固定資産への投資の安全性を評価するのは固定比率である。
⑦ 誤り。ただちに支払手段となるものは当座資産なので，当座比率のことをいっている。
⑧ 誤り。減価償却費が過大に計上されると自己資本を構成する利益が過少に計上されるので，自己資本比率は低くなる。

例題2

次の貸借対照表に基づいて，次の比率を求めなさい。（単位：万円）

流動比率　　固定比率　　自己資本比率　　固定長期適合率　　負債比率

計算上端数が生じた場合には，小数第4位未満を四捨五入しなさい。なお，資本は自己資本とする。

貸借対照表

流動資産	6,750	流動負債	4,500
固定資産	3,250	固定負債	1,500
		資　本	4,000
計	10,000	計	10,000

解　答

- 流動比率　　　6,750万円／4,500万円 × 100％ ＝ 150％
- 固定比率　　　3,250万円／4,000万円 × 100％ ＝ 81.25％
- 自己資本比率　4,000万円／10,000万円 × 100％ ＝ 40％
- 固定長期適合率　3,250万円／(4,000万円 ＋1,500万円) × 100％
　　　　　　　　＝ 59.09％
- 負債比率　　　(4,500万円 ＋ 1,500万円)／4,000万円 × 100％ ＝ 150％

２．収益性

　収益性は企業の利益獲得能力を測定する。以下の各種の利益率によって表され，高いほど良好である。次に示すように収益性には損益計算書の売上高をベースにする売上収益性と，貸借対照表の資本（または資産）をベースにする資本収益性がある。

	指　標　例
売上収益性	売上営業利益率　売上経常利益率　売上総利益率 営業キャッシュフロー・マージン
資本収益性	自己資本利益率（ROE） 総資本（総資産）経常利益率（ROA） 自己資本営業キャッシュフロー比率

＜売上収益性＞

★売上高営業利益率

　商品の売買，製品の製造・販売からどれほどの利益を獲得したかを測定する指標である。本業からの利益の獲得能力を評価する。

$$売上高営業利益率 ＝ \frac{営業利益}{売上高} \times 100\%$$

★売上高経常利益率

営業活動だけではなく財務活動をも加味した経常的な経営活動からの収益力を測定するのに用いられる。

$$売上高経常利益率 = \frac{経常利益}{売上高} \times 100\%$$

★売上高総利益率

商品本体から得られる収益性を測定する。粗利益率ともいわれる。

$$売上高総利益率 = \frac{売上総利益}{売上高} \times 100\%$$

（1－売上高総利益率）は売上原価率と呼ばれる。これは商品本体の原価率を測定するものである。この比率が低いほど良好である。

★営業キャッシュフロー・マージン

売上高からどのくらいのキャッシュフローを生み出したかを示している。キャッシュフロー・ベースの営業利益率といえる。

$$営業キャッシュフロー・マージン = \frac{営業キャッシュフロー}{売上高} \times 100\%$$

＜資本収益性＞

★資本利益率（一般式）

資本利益率（Return On Investments：ROI）は次の等式からわかるように，資本回転率と売上利益率からなっている。この比率が高いほど良好である。

$$ROI = \frac{利益}{資本} = \underbrace{\frac{売上高}{資本}}_{資本回転率} \times \underbrace{\frac{利益}{売上高}}_{売上利益率}$$

資本回転率は資本の利用効率を測定し，売上高利益率は売上収益性を測定する指標である。したがって，この比率は流動性と収益性を表す総合的な指標である。問題とする資本の種類によって総資本利益率，自己資本利益率などがある。

★総資本経常利益率
　総資本経常利益率（Return On Assets：ROA）の計算式を示せば次のようになる。

$$総資本利益率 = \frac{経常利益}{平均総資本} \times 100\%$$

　ROAは資産総額を使用してどれだけの利益を上げたかを測定する。経常利益ではなく事業利益（営業利益＋受取利息・配当金）を用いることがある。また，総資本利益率の一部である総資本回転率は資本総額または資産総額がどれほど効率よく利用されたかを測定する指標である（後述）。

★自己資本利益率
　自己資本利益率（Return On Equity：ROE）は株主が出資した資金がどれほどの利益を生み出したかを測定する。つまり株主が重視する指標である。

$$自己資本利益率 = \frac{当期純利益}{平均自己資本} \times 100\%$$

　自己資本利益率は次のように分解できる。

$$\frac{純利益}{自己資本} = \frac{純利益}{総資本} \times \frac{総資本}{自己資本} = 総資本利益率 \times 財務レバレッジ$$

　自己資本利益率は高い方が望ましいとはいえ，この指標だけで企業の経営を判断することは避け，自己資本比率や負債比率などの財務の安全性と併用され

ることが望ましい。財務レバレッジは負債の活用度を表す。

★自己資本営業キャッシュフロー比率
　自己資本を使ってどのくらい営業キャッシュフローを生み出したかを表す指標である。これはキャッシュフロー・ベースの自己資本利益率である。自己資本の現金創出力を表している。

$$自己資本営業キャッシュフロー比率 = \frac{営業キャッシュフロー}{自己資本} \times 100\%$$

3．資本効率性

　資金または資本の利用効率を測定することは，広い意味では，財務の安全性に含まれる。

★総資本回転率
　総資本回転率は資本総額または資産総額がどれほど効率よく利用されたかを測定する指標であり，流動性を評価する１つである。少ない資本で年に何倍もの売上が可能であれば，この回転率は高くなり，資金効率が高いことを意味する。この回転率が年に２回であれば，６カ月に１回回転するということである。

$$総資本回転率 = \frac{売上高}{平均総資本} \quad (回／年)$$

　なお，分母の平均総資本は次のようにして計算する。

$$平均総資本 = \frac{期首総資本 + 期末総資本}{2}$$

★棚卸資産回転率

材料や商品などの棚卸資産の平均手持ち高が年に何回販売できたかを測定する指標である。この回転率が高いほど，効果的に売り上げられたことを示唆する。

$$棚卸資産回転率 = \frac{売上高}{棚卸資産平均有高} \:(回／年)$$

$$棚卸資産平均有高 = \frac{期首棚卸資産有高＋期末棚卸資産有高}{2}$$

棚卸資産回転率が2回であれば，半年に1回は棚卸資産在庫がはけていることになる。つまり，棚卸資産回転期間は半年となる。材料，製品，商品などの棚卸資産別に回転率を求めることもできる。分子に「売上原価」が用いられることもある。

★売上債権回転率

売掛金や受取手形の売上債権の回収速度を測定する。この回転率が高いほど資金繰りが楽であることを示している。売上債権回転率が3回であれば，平均して4カ月に売上債権が回収されていることになる。この4カ月が売上債権回収期間（日数）となる。

$$売上債権回転率 = \frac{売上高}{売上債権平均有高} \:(回／年)$$

$$売上債権平均有高 = \frac{期首売上債権残高＋期末売上債権残高}{2}$$

売上債権残高は売掛金および受取手形の債権金額から貸倒引当金を控除した帳簿価額が用いられる。

4．生産性

　生産性は生産能率を見る指標である。つまり，わずかな生産要素の投入（インプット）で多くの産出（アウトプット）を出すことができれば，生産性は高まる。これには，労働生産性，資本生産性などがある。

★労働生産性
　従業員1人当たりどれだけの付加価値を獲得したかを測定する。付加価値は企業の努力によって新たに生み出された価値のことであり，次の控除法か加算法のいずれかによって計算される。
（控除法）総生産高－前給付価値（原材料費，外注加工費，商品売上原価など）
（加算法）純利益＋人件費＋財務費用＋賃借料＋租税公課＋減価償却費

$$労働生産性 = \frac{付加価値}{従業員数} （円）$$

★資本生産性
　投入した資本がどれほどの付加価値を生み出しているかを測定する指標である。

$$資本生産性 = \frac{付加価値}{総資本} \times 100\%$$

5．株価収益性

　株式投資のときに重視される指標である。ここでは，株価収益率と株価純資産倍率を取り上げる。

★株価収益率

株価収益率（Price Earnings Ratio：PER）は利益水準と株価との関係を表したもので，1株当たりの株価が当期純利益の何倍になっているかを測定する。この指標は株価の割安感または割高感を判断する材料として用いられる。

$$株価収益率 = \frac{1株当たり株価}{1株当たり当期純利益} （倍）$$

分母の「1株当たりの当期純利益」（Earnings Per Share：EPS）は次の式で求められる。

$$1株当たり当期純利益 = \frac{当期純利益}{発行済み株式数} （円）$$

★株価純資産倍率

株価純資産倍率（Price Book-value Ratio：PBR）は株価が純資産の何倍になっているかを測定し，株価の割安感または割高感を判断する指標である。

$$株価純資産倍率 = \frac{1株当たり株価}{1株当たり純資産} （倍）$$

なかには1倍を下回る企業もある。これは貸借対照表に記載されている純資産額（簿価）よりも低く株価がつけられていることを表している。

例題3

次の文章の正誤を答えなさい。
① 売上高利益率は，収益性と流動性を表す総合尺度である。
② 資本利益率は，売上高利益率と資本回転率から求められるが，その値が高いほど収益性が高いといえる。

③ ROAは，株主だけでなく，債権者も含めた資金提供者の立場から，企業が所有している資産全体の効率性を表す指標である。
④ 生産性を測定するときに用いる付加価値には原料費を含む。
⑤ PBRを計算するに当たって，1株当たりの当期純利益を使用する。

解 答
① 誤り。売上高利益率ではなく，資本利益率である。または，売上高利益率は収益性のみを表す尺度である。
② 正しい。
③ 正しい。
④ 誤り。原料費は付加価値には含まれない。
⑤ 誤り。PBRは株価純資産倍率のことであり，1株当たり純資産と1株当たり株価を用いる。1株当たり当期純利益（EPS）を用いるのは，PER（株価収益率）である。

例題4

次の損益計算書（一部）と期首と期末貸借対照表に基づき，次の財務指標を計算しなさい。なお，端数が生じた場合には，小数第4位未満を四捨五入しなさい。

売上高営業利益率，売上高経常利益率，売上高総利益率，売上原価率
総資本経常利益率，自己資本利益率，総資本回転率

損益計算書（一部）
（単位：千円）

売 上 高	402,500
売 上 原 価	273,700
営 業 利 益	72,450
経 常 利 益	32,200
当 期 純 利 益	12,075

(期首) 貸借対照表
(単位：千円)

流動資産	244,800	流動負債	136,000
固定資産	425,200	固定負債	199,000
		資　　本	335,000
計	670,000	計	670,000

(期末) 貸借対照表
(単位：千円)

流動資産	305,250	流動負債	165,000
固定資産	424,750	固定負債	200,000
		資　　本	365,000
計	730,000	計	730,000

(注) 建物は帳簿価額である。資本は自己資本である。

解　答

- 売上高営業利益率　72,450千円／402,500千円×100％＝18％
- 売上高経常利益率　32,200千円／402,500千円×100％＝8％
- 売上高総利益率　（402,500千円－273,700千円）／402,500千円×100％
　　　　　　　　＝32％
- 売上原価率　273,700千円／402,500千円×100％＝68％
- 総資本経常利益率　32,200千円／(670,000千円＋730,000千円)／2×
　　　　　　　　100％＝4.6％
- 自己資本利益率　12,075千円／(335,000千円＋365,000千円)／2×
　　　　　　　　100％＝3.45％
- 総資本回転率　402,500千円／(670,000千円＋730,000千円)／2
　　　　　　　　＝0.575回

例題5

次の資料に基づき，棚卸資産回転率，売上債権回転率を計算しなさい。

期首貸借対照表

現金預金	100	負 債	1,230
売上債権	150	純資産	600
棚卸資産	80		
その他資産	1,500		

期末貸借対照表

現金預金	110	負 債	1,500
売上債権	190	純資産	700
棚卸資産	100		
その他資産	1,800		

損益計算書：
　　売上高　　765

解 答

・棚卸資産回転率　765／(80＋100)／2 ＝8.5回／年
・売上債権回転率　765／(150＋190)／2 ＝4.5回／年

なお，棚卸資産回転期間は1.41カ月（42.94日），売上債権回転期間は2.67カ月（81日）である。

演習問題

[問題1] 次の資料により，①と②の文章の正誤の組み合わせとして正しいものを選びなさい。

指　標	A　社	B　社
当座比率	95%	110%
固定比率	110%	70%

① B社の当座比率はA社よりも高いため，短期の債務支払能力はB社の方が優れている。

② A社の固定比率はB社よりも高いため，長期の安全性はA社の方が優れている。

ア　① 正　　② 正
イ　① 正　　② 誤
ウ　① 誤　　② 正
エ　① 誤　　② 誤

(ビジネス会計検定2級，第4回，一部修正)

[問題2] 財務指標に関する記述のうち，適切なものはどれか。
 ア　固定比率は，固定負債に対する固定資産の割合であり，その値が小さいほど安全性が高い。
 イ　自己資本比率は，固定資産に対する自己資本の割合であり，その値が大きいほど堅実性が高い。
 ウ　総資本利益率は，総資本に対する利益の割合であり，その値が大きいほど収益性が高い。
 エ　流動比率は，流動負債に対する流動資産の割合であり，その値が小さいほど安全性が高い。

(基本情報，平成20年秋)

[問題3] 次の表はある会社の2009年度と2010年度の財務諸表上の数値を表したものである。両年度とも売上高は4,000万円であった。この会社の財務に関する指標のうち，2009年度に比べ2010年度に向上したものはどれか。

	2009年度	2010年度
流動資産	1,100万円	900万円
固定資産	500万円	400万円
流動負債	700万円	800万円
固定負債	500万円	300万円
資　本	400万円	200万円

ア　固定比率　　イ　自己資本比率　　ウ　総資本回転率　　エ　流動比率

（第一種，平成9年春類題）

［問題4］A社の貸借対照表の構成比は図の通りであった。A社の自己資本に占める資本金の割合は何%か。

流動資産　75%	負　債　　　　20%	純資産
	資本金　　　　10%	
	法定準備金　　 7%	
	任意積立金　　47%	剰余金
固定資産　25%	当期未処分利益　16%	

ア　12.0　　イ　12.5　　ウ　13.3　　エ　15.9

（初級シスアド，平成14年秋，一部修正）

［問題5］当期の財務諸表分析の数値が次のとき，売上原価は何万円か。
（1）売上原価率　　　：80%
（2）売上高営業利益率：10%
（3）営業利益　　　　：200百万円

ア　1,400　　イ　1,600　　ウ　1,800　　エ　2,000

（初級シスアド，平成14年秋）

［問題6］ROE（Return On Equity）を説明したものはどれか。
ア　経営資本に対する利益の比率である。主たる経営活動に運用されている資本の効率を表し，本来の経営活動の収益性を示す。
イ　自己資本に対する利益の比率である。株主持分に対する収益力の指標であり，株主持分の運用効率を示し，配当能力の目安にもなる。

ウ　総資産に対する利益の比率である。企業の経営活動に投下された資本の運用効率を示す。

エ　投下資本に対する利益の比率である。企業全体，個別投資プロジェクト，事業部などの投資効率を判断するための指標となる。

(初級シスアド，平成18年春)

[問題7] ROEを計算する次の式の空欄 a に入る字句を選びなさい。

$$ROE(\%) = \frac{当期純利益}{a} \times 100\%$$

ア　資本金　　イ　自己資本　　ウ　総資本　　エ　他人資本

(応用情報，平成21年秋類題)

[問題8] 次の資料から総資本経常利益率を計算し，正しい数値を選びなさい。なお，純資産を自己資本とみなす。

| 総資本回転率 | 1.25回 | 自己資本比率 | 30% |
| 売上高経常利益率 | 6% | 負債合計 | 5,600 |

ア　4.75%　　イ　4.8%　　ウ　6%　　エ　7.25%　　オ　7.5%

(ビジネス会計検定2級，第5回，一部修正)

[問題9] 次の空欄 a に当てはまる数値を選びなさい。

売上高が20,000百万円，営業利益3,000百万円，営業キャッシュフロー・マージンが5%，自己資本営業キャッシュフロー比率が20%のとき，自己資本は a 百万円である。

ア 1,000　　イ 1,250　　ウ 2,500　　エ 4,000　　オ 5,000

（ビジネス会計検定2級，第3回，一部修正）

[問題10] 次の資料により，問1と問2に答えなさい。

発行済株式数（百万株）	1,000
当期純利益（百万円）	50,000
純資産額（百万円）	250,000
1株当たり株価（円）	250

問1．株価収益率（PER）は　a　倍である。空欄　a　に当てはまる数値を選びなさい。

　ア 2　　イ 3　　ウ 4　　エ 5　　オ 10

問2．株価純資産倍率（PBR）は　b　倍である。空欄　b　に当てはまる数値を選びなさい。

　ア 0.8　　イ 1　　ウ 1.2　　エ 2　　オ 4

[問題11] 次の資料により，①と②の文章の正誤の組み合わせとして正しいものを選びなさい。

指　標	A　社	B　社
売上債権回転期間	22日	30日
棚卸資産回転率	5.5回	8.2回

① A社の売上債権回転期間はB社よりも短いため，A社の方が短期間のうちに売上債権を回収していることがわかる。
② A社の棚卸資産回転率はB社よりも低いため，A社の方が在庫管理が適切であることがうかがえる。

ア ① 正　　② 正
イ ① 正　　② 誤
ウ ① 誤　　② 正
エ ① 誤　　② 誤

(ビジネス会計検定2級，第4回，一部修正)

[問題12] A社，B社の貸借対照表から求められる連結流動比率は何％か。ここで，B社はA社の100％子会社とする。

A社貸借対照表

現　　　　金	40	買　掛　金	60
売　掛　金	160	短期借入金	60
子会社売掛金	40	資　本　金	300
子会社株式	180		

B社貸借対照表

現　　　　金	20	親会社買掛金	40
売　掛　金	100	短期借入金	200
機械装置	300	資　本　金	180

ア 75　　イ 100　　ウ 125　　エ 200

(ITストラテジスト，平成19年度)

[問題13] 売上の分析に当たっては，売上総利益率と商品回転率がともに高い商品が，販売効率が良く利益の上がる良い商品と判断される。そこで，販売効率を示す指標と売上高を視覚的に確認するために，各商品の売上高，売上総利益率及び商品回転率の関係を次の図のようなバブルチャートにして表した。この図を分析した内容として，適切なものはどれか

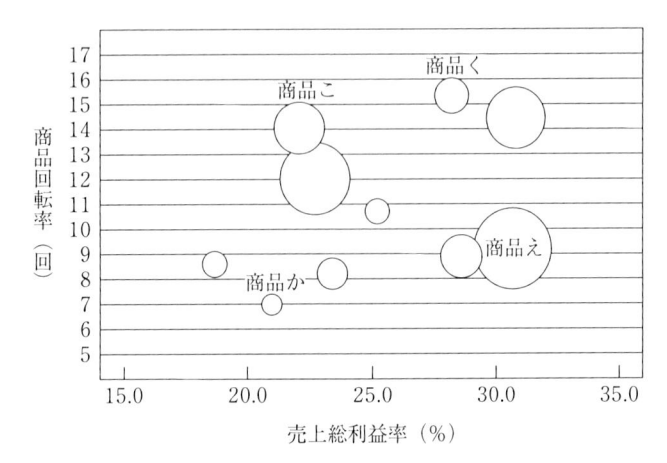

(グラフ：横軸 売上総利益率(％)，縦軸 商品回転率(回)。商品え，商品か，商品く，商品こ のバブルチャート)

ア　"商品え"は，薄利多売で利益を上げている商品であり，利益を維持するためには品切れが起こらないよう商品管理に注意する必要がある。

イ　"商品か"は，売上高は少ないが最も販売効率が良いので，現状維持でよい。

ウ　"商品く"は，売上高は多くないが，余分な在庫が少なく，利益が大きいので，売上を増やす工夫をすれば効率よく利益の増加が図れる。

エ　"商品こ"は，販売数量は少ないが価格の高い高級商品であり，幅広い顧客層を維持するためには大切な商品である。

(ITパスポート，平成21年秋)

第8章 原価計算

1．原価計算と生産プロセス

　製造業者（メーカー）は，サプライヤー（部品・原料供給業者）から原料や部品を仕入れ，これを生産して製品（またはサービス）をつくる。この一連の過程を貨幣価値的に追跡する手続きが原価計算である。ただ単に，製品をつくるのにいくらかかったのかを工場全体で計算するのではなく，製品や部門（発生場所；組立，旋盤，仕上げなどの職能部門）別に計算する。製品やサービスなど原価が集計される対象は，原価計算対象と呼ばれる。つまり，製品の生産過程で消費された経済財（原材料など）の消費額（コスト）を一定期間毎に計算し，それを製品に配分して製品毎の単位（1kg，1個など）当たりの原価を算定する。

　原価計算は，製品の価格を決定したり，製品やサービスの収益性を評価したり，コストを引き下げたり，ある業務をアウトソーシング（外注）するかどうかを決定するために役立つ原価情報を提供する。

　メーカーは原材料を加工してまったく新しい価値をもつ生産物を産出する。その流れを示したのが図表8－1である。生産物は原材料 → 仕掛品 → 製品へと変化する（図表8－2）。仕掛品（しかかりひん）は未完成品であり販売不能な状態を指している。通常は，1カ月を原価計算期間として製品の原価を計算するので，毎月末には仕掛品が発生する。

図表8-1　生産のフロー

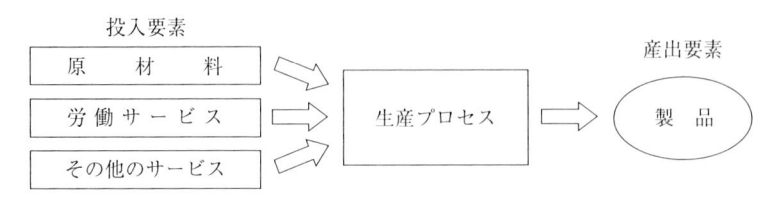

```
投入要素
┌─────────┐
│ 原　材　料 │ ⇒
└─────────┘      ┌─────────┐         産出要素
┌─────────┐     │         │        ╭──────╮
│労働サービス│ ⇒ │生産プロセス│ ⇒    │ 製　品 │
└─────────┘     │         │        ╰──────╯
┌─────────┐     └─────────┘
│その他のサービス│ ⇒
└─────────┘
```

　製品を製造するのに消費されたあらゆる財やサービスの価値額が製品のコストを構成する。原料以外にも，労働力，電力などの用役（サービス）を使用する。原料や部品などの財の消費が材料費，労働力の消費が労務費，電力などの用役の消費が経費である。この材料費，労務費，経費を原価の3要素と呼ぶ。

図表8-2　生産物の変化

```
┌─────┐     ┌─────┐     ┌─────┐
│原材料│ ⇒ │仕掛品│ ⇒ │製　品│
└─────┘     └─────┘     └─────┘
```

　ソフトウェア業界では，材料費，労務費，外注費，経費の4分類をとっているところが多い。この業界では，人件費と外注費の割合が高く，材料費が少ない。
　なお，材料費，労務費，経費の例を示すと図表8-3のようになる。

図表8-3　原価の3要素

材料費	素材費（または原料費）　買入部品費　燃料費　工場消耗品費　消耗工具器具備品費
労務費	賃金　給料　雑給　従業員賞与手当　退職給付引当金繰入額　法定福利費（社会保険料の事業主負担額など）
経　費	福利厚生費　旅費交通費　通信費　減価償却費　保険料　水道光熱費　特許権使用料　外注加工賃　型代など多数

2．製品のコスト

　原価には製造原価と販売費・一般管理費があるが，製品に集計される原価は製造原価だけである。通常，原価といえば「製造原価」を指すが，販売費・一般管理費も含めたい時には特に「総原価」と呼ぶ（図表8－4を参照）。

図表8－4　製造原価と販売費・一般管理費

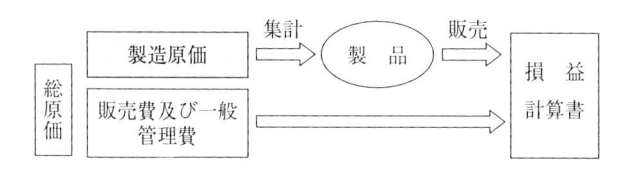

　製品に集計されるということは，製品のコストになるということである。つまり，製品の価額を構成することになる。図表8－4のように，製造原価はそれが含まれる製品が販売されるときにはじめて損益計算書の費用（売上原価）となるが，販売費及び一般管理費はその期間に発生した金額がすべて費用として処理される。

3．非原価項目

　製造活動において，支出が行われたり，財の消費が行われたとしても，そのすべてが製品の原価となるわけではない。図表8－5のような項目が「非原価項目」として，製品の原価から除外される。

図表8－5　非原価項目

非原価項目	財務費用（支払利息，有価証券評価損など） 利益処分項目（配当金など），法人税 火災・風水害による損失，寄付金 異常な仕損，減耗など

4．原価の分類

（1）直接費・間接費

　原価は，その利用目的に応じて，さまざまな観点から分類される。原価は製品に集計する方法によって，直接費と間接費に分類される。直接費は消費した製品別に容易に把握できる原価であり，間接費は製品別には把握できない原価である。直接費は特定の製品に集計される。この手続きを賦課という。間接費は何らかの基準で製品に配分されなければならない。この配分手続きを配賦という（図表8－6）。図表8－7に示すように，原価の3要素別に直接費と間接費がある。

図表8－6　賦課と配賦

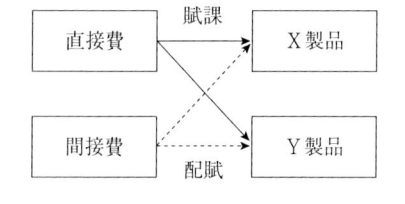

図表8－7　直接費と間接費

例題1

　次のデータにより，製品別の製造原価を計算しなさい。

　　当期の製造原価：直接費　　X製品　428,000円　　　Y製品　368,000円
　　　　　　　　　　間接費　　528,000円

当期の作業時間：X 製品　135時間　　　Y 製品　85時間
製造間接費は作業時間を基準に配賦する。

[解　答]

製造間接費の配賦額
　　X 製品　　528,000円×135時間／(135時間＋85時間)＝324,000円
　　Y 製品　　528,000円×85時間／(135時間＋85時間)＝204,000円
製品別の製造原価
　　X 製品　　428,000円＋324,000円＝752,000円
　　Y 製品　　368,000円＋204,000円＝572,000円

（2）固定費・変動費

　原価は生産量や販売量（操業度という）の増減によって変化する変動費と変化しない固定費とに区分される。直接材料費や原料費，出来高給制の給与が変動費の例である。たとえば，1本生産するのにかかる直接材料費が75円である場合，当期の生産量が100本のときの直接材料費は，75円×100本＝7,500円となる。これに対して固定費は生産量を2倍に増やしてもまったく変化せず，一定にとどまっている。たとえば，減価償却費，広告費，固定給の給与などがそうである（図表8－8）。この分類は，損益分岐点分析，直接原価計算の基礎となる。

図表8－8　固定費と変動費

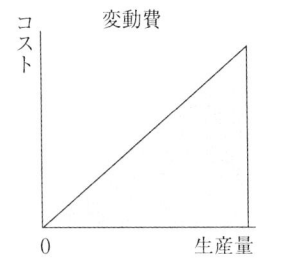

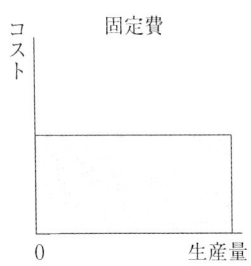

例題2

損益分析において，固定費として扱われるものはどれか。

ア　商品の配送費用
イ　直接作業員の時間外手当
ウ　販売数に応じた販売店へのリベート
エ　マスコミ媒体広告費

(初級シスアド，平成15年秋)

解　答

エの広告費は販売量に応じて変化しない。

5．原価の構成

原価ないしは販売価額の構成を示すと図表8－9のようになる。

図表8－9　原価の構成

			利　益	
		販売費・一般管理費		
間接材料費	製　造間接費			販　売価　額
間接労務費		製　造原　価	総原価	
間接経費				
直接材料費	製　造直接費			
直接労務費				
直接経費				

例題3

次の内容による製品の製造原価はいくらか。（単位：百万円）

製造間接費	60	直接経費	100	直接労務費	120
直接材料費	200	販売費	90	一般管理費	30
製品販売価額	900				

ア　360　　　イ　420　　　ウ　480　　　エ　510

（基本情報，平成12年秋）

解答

製品の製造原価＝製造直接費＋製造間接費
　　　　　　　＝直接材料費＋直接労務費＋直接経費＋製造間接費

製品の製造原価　200＋120＋100＋60＝480（百万円）

したがって，ウが正しい。

6．製造原価報告書

当期に仕掛品が存在するとき，完成品原価は次の公式によって計算される。

当期完成品原価＝期首仕掛品棚卸高＋当期総製造費用－期末仕掛品棚卸高

当期総製造費用は次のような構成となる。

当期総製造費用＝当期材料費＋当期労務費＋当期経費　　または
　　　　　　　＝直接材料費＋直接労務費＋直接経費＋製造間接費

以上の公式を報告形式で表示したのが製造原価明細書（報告書）（図表8－10）

である。この表の最終数値は当期製品製造原価となっているが，この数値が完成品原価である。

また，製造業では，「売上原価」は次の式で計算され，損益計算書には図表8－11のように表示される。

> 当期売上原価＝期首製品棚卸高＋当期製品製造原価－期末製品棚卸高

図表8－10　製造原価明細書のフォーム

```
        製造原価明細書
 Ⅰ．材料費              ×××
 Ⅱ．労務費              ×××
 Ⅲ．経　費              ×××
    計：当期総製造費用   ×××
    期首仕掛品棚卸高     ×××
       合　計           ×××
    期末仕掛品棚卸高     ×××
    差引：当期製品製造原価 ×××
```

図表8－11　製造業の損益計算書

```
           損益計算書
 Ⅰ．売上高                        ×××
 Ⅱ．売上原価
    期首製品棚卸高        ×××
    当期製品製造原価      ×××
       合　計            ×××
    期末製品棚卸高        ×××  ×××
    売上総利益                    ×××
 Ⅲ．販売費及び一般管理費
         ：
    営業利益                      ×××
```

例題4

次のデータにより，当期の売上原価を計算しなさい。（単位：万円）

当期総製造費用	1,280
期首製品棚卸高	350
期末仕掛品棚卸高	220
期末製品棚卸高	280
期首仕掛品棚卸高	150

解　答

当期製品製造原価　　150万円＋1,280万円－220万円＝1,210万円

当期売上原価　　　350万円＋1,210万円－280万円＝1,280万円

よって，解答は1,280万円となる。

7．原価計算の手続

　原価計算は図表8－12に示すように，原価の費目別計算 → 部門別計算 → 製品別計算の手順によって行われる。

　費目別計算では，原価が材料費，労務費，経費別に計算され，部門別計算では，原価が部門（製造部門と補助部門）という発生場所・責任部署別に把握され，製品別計算では，最終的に製品またはサービス別に原価が配分される。なかには，部門別計算を行わないで，費目別計算→製品別計算という手順を踏む企業もある。

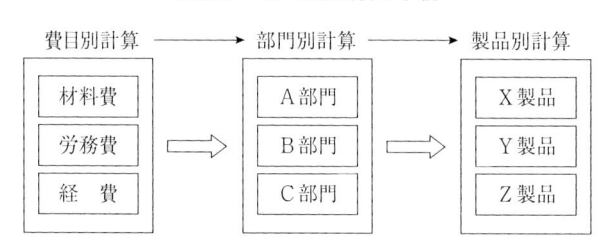

図表8－12　原価計算の手続

費目別計算	部門別計算	製品別計算
材料費	A部門	X製品
労務費	B部門	Y製品
経　費	C部門	Z製品

8．原価計算の種類

　原価計算の種類には，次のようなものがある。
・個別原価計算と総合原価計算
・実際原価計算と標準原価計算
・全部原価計算と直接原価計算

これらの原価計算は図表8－13のような組み合わせで実施される。

図表8-13　原価計算の種類と組み合わせ

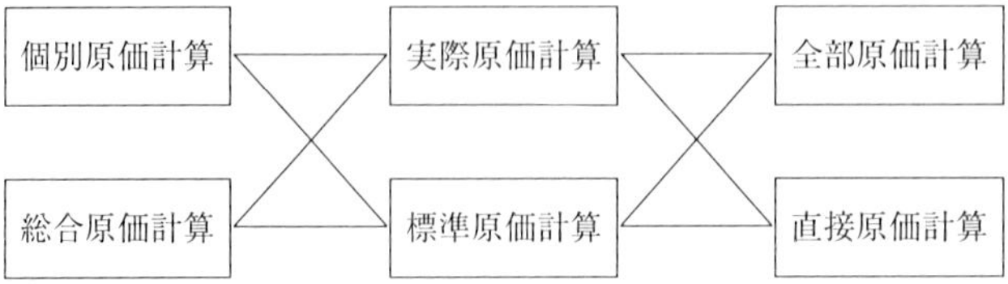

```
個別原価計算 ─ 実際原価計算 ─ 全部原価計算
       ╳           ╳
総合原価計算 ─ 標準原価計算 ─ 直接原価計算
```

＜個別原価計算と総合原価計算＞
・個別原価計算………造船業や注文家具生産，受託開発のソフトウェア生産など，個別受注生産に適した原価計算である。注文品ごとに特定製造指図書番号がつけられていて，その番号別に原価が集計される。
・総合原価計算………食品業や製粉業，ビール生産，汎用ソフトの生産など，大量見込生産に適した原価計算である。製品別に原価が集計されて完成品総合原価が計算される。

＜実際原価計算と標準原価計算＞
・実際原価計算………生産終了後に，実際に発生した製造原価の数値を用いて完成品原価や仕掛品原価を計算する方法である。
・標準原価計算………生産開始前に，目標とする標準原価を設定しておいて，生産終了後に標準原価で計算された製品原価と実際に発生した原価とを比較して管理に役立てようとするものである。標準原価とは，科学的に設定され，能率の尺度となる原価のことである。

＜全部原価計算と直接原価計算＞
・全部原価計算………製造原価のすべてを製品に集計する方法である。現行制度で認められている計算方法である。
・直接原価計算………製造原価のうち変動費だけを製品に集計する方法であ

る。現行制度では認められていないが管理に役立つ方法である。直接原価計算による損益計算書は独特な構造をしているので，図表8－14に示しておく。

全部原価計算では，販売量または売上高が増加すれば（営業）利益も増加するという関係はない。販売量が減少しても，生産量が増加すると利益が増加することもある。

これに対して，直接原価計算では販売量が増加すれば利益も増加し，販売量が減少すれば利益も減少するという関係が認められる。この販売量の増減による利益の予測可能性を活用して，将来の計画を立てるのに用いられる。この関係を活用したのが，損益分岐点分析（第9章）である。

図表8－14　直接原価計算の損益計算書

売上高	×××
変動費	－×××
限界利益	×××
固定費	－×××
営業利益	×××

9．活動基準原価計算

全部原価計算の中に含まれる方法で，製造間接費を活動別に配分する方法として活動基準原価計算（Activity Based Costing：ABC）がある。製造間接費を直接作業時間のような単一の基準で配賦する従来の方法ではなく，検査とか修繕，注文処理などの活動別に間接費を配分し，各活動ごとの配賦基準（活動ドライバーという）を用いて製品へ配賦する。その手続きを示したのが図表8－15である。正確な製品原価の計算を行うことによって，価格決定や製品意思決定に役立てることを目的としたものである。

図表8－15　活動基準原価計算

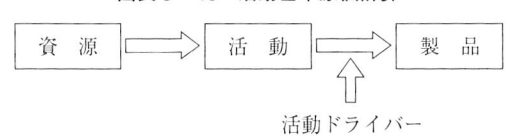

資源　⇒　活動　⇒　製品
　　　　　　↑
　　　　活動ドライバー

活動と活動ドライバーとの関係を例示すると次のようになる。

活　　動	活動ドライバー
修　繕	修繕回数
検　査	検査回数
段　取	段取回数

例題 5

検査活動に集計されたコストを製品別の検査回数で各製品に配分しなさい。今月の検査コストは54,280円で，検査回数はA製品が8回，B製品が10回，C製品が5回であったとする。

解　答

A 製品　54,280円×8／(8 +10＋5) ＝18,880円
B 製品　54,280円×10／(8 +10＋5) ＝23,600円
C 製品　54,280円×5／(5 +10＋5) ＝11,800円

10. ソフトウェアの原価計算

ソフトウェアはコンピュータ機器類のハードウェアに対する言葉である。ソフトウェアはコンピュータを動作させたり機能させるためのプログラムであり，基本ソフトと応用ソフトがある。WindowsやLinuxは基本ソフト（OS）であり，ワープロ・ソフトや表計算ソフト，特定の業務を行うプログラムは応用ソフト（AS）である。

ソフトウェア開発のプロセスを示すと次のようになる。

要求仕様 → 設　計 → プログラミング → 検　査 → 運　用

要求仕様ではユーザーのシステムに対するニーズが取り上げられ，それに基

づいて設計（基本設計，詳細設計）がなされ，プログラムが作成される。そのプログラムでうまく動くかどうか，バグがないかどうかが検査され，その後に運用される。場合によっては運用段階で環境の変化などによって修正されたりメンテナンスされる。

ソフトウェアの開発には，受注ソフトの開発とパッケージ・ソフトの開発がある。受注ソフトは顧客から開発を委託されて顧客の仕様に基づいて作成するもので，パッケージ・ソフトはゲーム・ソフトや汎用ソフト（ワープロ・ソフトや表計算ソフトなど）のように，開発会社が将来の需要を見越して独自のアイディアに基づいて作成するものである。

図表8－16　ソフトウェアの開発プロセスと製造原価

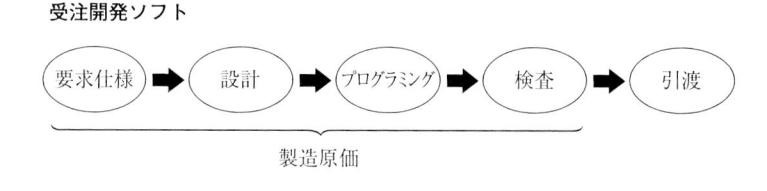

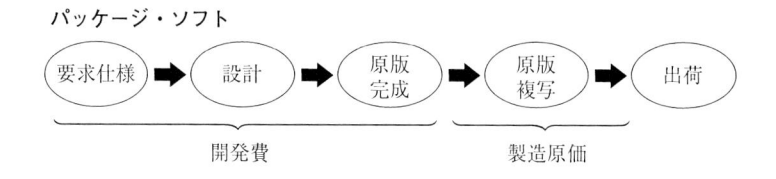

受注開発ソフト

要求仕様 → 設計 → プログラミング → 検査 → 引渡

　　　　　　製造原価

パッケージ・ソフト

要求仕様 → 設計 → 原版完成 → 原版複写 → 出荷

　　　　開発費　　　　　　製造原価

どちらのソフトを作成するかによって，製造原価の範囲が異なる。受注開発ソフトには個別原価計算が適用されるが，図表8－16に示すように，要求仕様から検査までに発生するコストをすべて製造原価として把握する。これに対して，パッケージ・ソフトは要求仕様から原版（マスター）の完成までに発生するコストは開発費として費用処理され，製造原価となるのは原版の複製のためのコストに限られる。後者の場合，複製する媒体のコスト（材料費）が大半を占める。

受注ソフトとパッケージ・ソフトの原価計算および価格決定上の特徴をまとめると図表8－17のようになる。

図表8－17　受注ソフトとパッケージ・ソフトの特徴

	受注ソフト	パッケージ・ソフト
原価計算	個別原価計算	総合原価計算
価格設定	コスト・プラス法	マーケット・プライス
特　　徴	・規模とコストが比例 ・経営努力の希薄化 ・独創的ソフトが欠如	・ソフトの価値に見合う価格 ・コストの果たす役割が小

　コスト・プラス法とは原価に利益を加算して価格を決定する方法である。これには，次の2つの方法がある。

　　価　格　＝　原　価　＋　利　益
　　価　格　＝　原　価（1＋利益率）

　ここで，ソフトウェア制作費の会計処理についてまとめてみる。ソフトウェアには上記の他にも研究開発目的，自社利用目的もある。これらを含め，各目的の会計処理を一覧にすると図表8－18のようになる。

図表8－18　ソフトウェア制作費の会計処理

目　　的	会計処理	償却方法
①受注開発	請負工事に準ずる	－
②市販 （パッケージ）	ソフトウェア （無形固定資産）	3年内
③研究開発目的	研究開発費	
④自社利用目的	ソフトウェア （無形固定資産）	5年均等額

市販（パッケージ）ソフトは見込み販売数量などに基づいて3年内に償却する。自社利用ソフトは5年で均等額を償却する。「ソフトウェア償却」は販売費及び一般管理費に含められる。

例題6

残高試算表に，前期に取得した自社利用目的の「ソフトウェア」が34,208,000円ある。決算が1年であるとき，当期の決算で計上すべきソフトウェア償却額を計算しなさい。

解答

自社利用目的のソフトウェアは5年で均等額償却である。前期に取得されているので，残高試算表の金額を4年で償却すればよい。したがって，当期償却額は34,208,000円÷4＝8,552,000円となる。

図表8－18に示したように，ソフトウェアの開発は長期請負工事に類似する。長期請負工事の収益計上基準には工事完成基準と工事進行基準がある。この点はソフトウェア開発の会計処理にも適用される。

＜工事完成基準＞
請負工事が完成し，引き渡したときに収益（売上高）を計上する基準であり，販売基準になる。

＜工事進行基準＞
請負工事の進行度合いに応じて，収益を計上する方法であり，収益の認識を発生主義によって行うものである。

　　工事収益＝工事契約価格×当期末工事進捗度
　　当期工事収益＝工事収益－前年度までの工事収益

$$当期末工事進捗度 = \frac{工事原価発生額累計}{工事原価総額}$$

例題 7

ソフトウェアの受注開発会社のA社は売上高の計上を工事進行基準によって行っている。次の資料に基づき，損益計算を行いなさい。

データ：
1. ソフトの受注価格　　　　2,500万円
2. ソフトの見積総開発コスト　2,200万円
3. 当期の発生コスト　　　　1,430万円

解答

当期の収益は次のように計算される。

$$当期の売上高 = 2,500万円 \times \frac{1,430万円}{2,200万円} = 1,625万円$$

したがって，損益計算は次のようになる。

損　益　計　算
売上高　　　　1,625万円
売上原価　　　1,430
売上総利益　　　195万円

11. TCO

システム構築から運用・保守・廃棄に至るまでのすべてのコストをTCO（Total Cost of Ownership：所有総費用）という。つまり，情報システムのライフサイクルすべてにかかるコストのことである。通常，クライアント・サーバー・システムの運用総コストを指す。これには，ハードとソフトの購入費，プログ

ラムの修正にかかる費用，社員教育費，トラブル発生時の対処費用などが含まれる。

パソコンの低価格化や分散システム環境下における運用管理やサポートの人件費の増大を背景に，コスト・パフォーマンスを考慮した情報システム化をはかる必要性が叫ばれ，このTCOが注目されてきた。

―――――――― 演 習 問 題 ――――――――

［問題1］次の文章で正しいものの個数はいくつか。
① 製造原価明細書の最終行は当期総製造費用である。
② 当期製品製造原価は，当期の製造活動に投入した材料費，労務費，経費の合計額である。
③ 減価償却費のうち，工場などの製造現場で発生した減価償却費は，製造原価明細書の経費に含まれる。

ア　0　　　イ　1つ　　　ウ　2つ　　　エ　3つ

（ビジネス会計検定2級，第3回，第5回を修正）

［問題2］原価計算において，原価要素となるものはどれか。
ア　寄付金　　　イ　材料費　　　ウ　社債利息　　　エ　特別損失

（初級シスアド，平成15年春）

［問題3］次の資料から売上総利益を計算し，正しい数値を選びなさい。

売上高	600	広告宣伝費	60	材料費	160
期末仕掛品棚卸高	60	労務費	140	期首製品棚卸高	40
期首仕掛品棚卸高	20	製造経費	100	期末製品棚卸高	20

ア　120　　イ　160　　ウ　200　　エ　220　　オ　240

（ビジネス会計検定2級，第4回，一部修正）

［問題4］次の文章の記述で正しいものの個数はどれか。
① 全部原価計算では，生産量が増加すると，販売量が減少しても，売上総利益が増加することがある。
② 直接原価計算では，ほかの条件が一定であるとすれば，売上高が増えると営業利益も増える。
③ 活動基準原価計算とは原価を活動別に配分し，活動別のコストを製品，サービスなどに割り当てる方法である。
④ 全部原価計算と直接原価計算とでは製品のコストは異なるが，営業利益は同じになる。

ア　1つ　　イ　2つ　　ウ　3つ　　エ　4つ

［問題5］TCO（Total Cost of Ownership）の説明として，最も適切なものはどれか。
ア　システム導入後に発生する運用・管理費の総額
イ　システム導入後に発生するソフトウェア及びハードウェアの障害に対応するために必要な費用の総額
ウ　システム導入時に発生する費用と，導入後に発生する運用・管理費の総額
エ　システム導入時に発生する費用の総額

（ITパスポート，平成22年春）

［問題6］ソフトウェアの受注開発会社のB社は売上高の計上を工事進行基準によって行っている。次の資料に基づき，当期の売上高として計上すべき金額はどれか。

データ：
　　1．ソフトの受注価格　　　　　　8,200万円
　　2．ソフトの見積総開発コスト　　6,560万円
　　3．実際の発生コスト　　　前期　984万円　当期　3,144万円
　　4．当期に原材料が高騰し，見積総開発コストが6,880万円に修正された。それに伴い受注価格が8,500万円に改訂された。

ア　3,870　　　イ　3,884　　　ウ　3,930　　　エ　5,100

[問題7] ソフト開発の原価計算の特徴として，適切なものはどれか。
　ア　原価計算方法としては，個別原価計算よりも総合原価計算が多く用いられている。
　イ　自社内要員を中心に開発する場合の原価は，材料費，労務費，経費から構成されるが，このうち経費が最も多い。
　ウ　ソフトウェア開発の受注獲得のために要したプロポーザル費用は，販売費ではなくプロジェクト原価に含めることができる。
　エ　ソフトウェアの規模と発生する原価との間には，比例関係がみられる。

（プロジェクト管理運用，平成11年度，一部修正）

[問題8] 自社利用のために外部に委託して作成したソフトウェアの制作費を無形固定資産に計上しているとき，税法上，どのような償却を行わねばならないか，適当な処理を選びなさい。
　ア　償却期間5年の均等償却　　　イ　償却期間3年の均等償却
　ウ　耐用年数5年の定率償却　　　エ　耐用年数3年の定率償却

（上級シスアド，平成20年秋類題）

第9章 損益分岐点分析

1．損益分岐点分析

　損益分岐点分析は，企業全体の損益構造，つまり収益・費用（コスト）・利益の構造を理解し，将来の利益計画を立てるときに大変便利な手法である。売上高または販売量の変化に応じて，コスト（固定費と変動費に分ける）と損益がどのように推移するかを分析する。このように，売上高とコストと利益との関係分析を CVP（Cost-Volume-Profit）分析という。いろいろな仮定の下に分析されるが，概略的で理解し易いため実務に広く普及している。損益分岐点分析は短期利益計画のツールであり，管理会計の代表的な手法であるが，経営分析の一手法として用いられることもある。

2．損益分岐点図表と損益分岐点

　損益分岐点分析は図表や公式を用いて行われる。図表9－1は損益分岐点図表を描いている。この図表は利益図表とも呼ばれる。企業の損益構造を鳥瞰図的に表したものである。図中にある損益分岐点の位置を知っておくことは，管理上重要である。

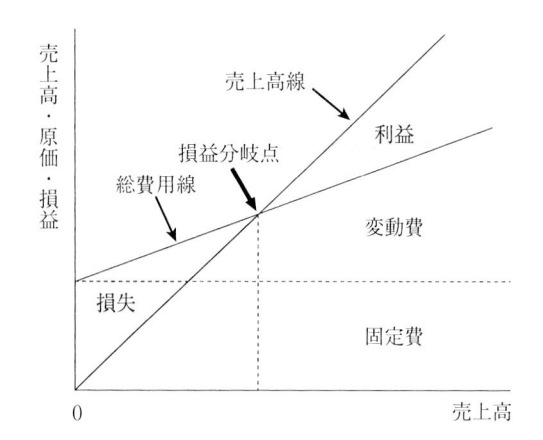

図表9－1　損益分岐点図表

（縦軸：売上高・原価・損益、横軸：売上高）
売上高線、損益分岐点、総費用線、利益、変動費、固定費、損失

損益分岐点売上高は次の公式で求められる。損益分岐点は低ければ低いほど良い。

$$損益分岐点売上高 = \frac{固定費}{1 - \dfrac{変動費}{売上高}} \text{（円）}$$

分母の（変動費／売上高）は変動費率と呼ばれる。また，売上高から変動費を控除した残高を限界利益といい，（限界利益／売上高）を限界利益率という。したがって，次のように，損益分岐点とは固定費を限界利益率で除した値であるともいえる。

$$損益分岐点（売上高）= \frac{固定費総額}{限界利益率（または1-変動費率）} \text{（円）}$$

損益分岐点販売量を知りたいときには損益分岐点売上高を1単位当たりの売価で除するか，次の公式によって求める。

$$損益分岐点（販売量） = \frac{固定費総額}{単位当たり限界利益}（単位）$$

変動費率と限界利益率は，損益計算書（直接原価計算。91ページ参照）において，次のように売上高の構成割合として表すことができる。

	金　　額	比　率	
売上高	10,000万円	100%	
変動費	7,200	72	← 変動費率
限界利益	2,800	28	← 限界利益率
固定費	2,240		
営業利益	560万円		

　損益分岐点を低くするには，変動費率を下げる，固定費を減らすなどの方法がある。損益分岐点では限界利益と固定費は等しい。
　この損益分岐点を利用した指標として，安全余裕率がある。これは，現在の売上高または計画売上高がどれほど安全であるかを意味し，損益分岐点を超えてそれから離れていればいるほど安全性は高い。20％以上が望ましいとされる。不況に対する抵抗力を見る指標であり，次の公式によって求められる。

$$安全余裕率 = \frac{計画（または現在）売上高 - 損益分岐点売上高}{計画（または現在）売上高} \times 100\%$$

　安全余裕率に関係する指標に，損益分岐点比率がある。両者の間には次のような関係がある。

$$損益分岐点比率 = 1 - 安全余裕率$$

　また，希望利益を達成するための計画売上高は，次の公式で求められる。

$$\text{希望利益を得るための売上高} = \frac{\text{固定費総額} + \text{希望利益}}{\text{限界利益率}} \text{（円）}$$

3．限界利益図表

　売上高と限界利益との関係を図示したのが，限界利益図表である（図表9－2）。限界利益図表は，売上高の変化に対して限界利益が損益にどのように影響するかを示している。図示されるように，売上高が0円のときには固定費全額が損失となり，売上が増えるにつれて固定費が限界利益によって回収され（つまり固定費の未回収部分が損失となる），損益分岐点を超えると限界利益部分が（営業）利益として示される。

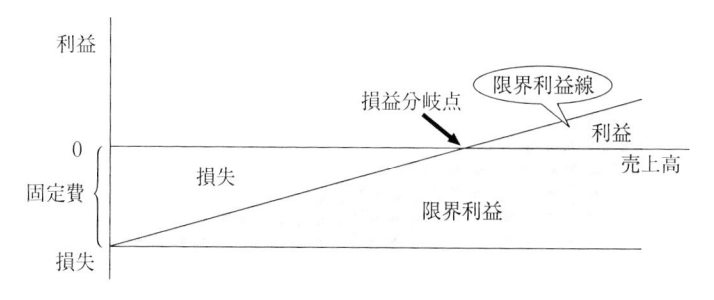

図表9－2　限界利益図表

例題1

　次のような損益計算の構造をもつ企業について，①限界利益，②限界利益率，③変動費率，④損益分岐点（売上高），⑤安全余裕率を求めなさい。

　売上高………10,000万円
　費用…………固定費　2,240万円，　変動費　7,200万円

〔解 答〕
① 限界利益　　10,000万円－7,200万円＝2,800万円
② 限界利益率　　2,800万円／10,000万円×100％＝28％
③ 変動費率　　7,200万円／10,000万円×100％＝72％
④ 損益分岐点（売上高）　　2,240万円／0.28＝8,000万円
⑤ 安全余裕率　（10,000万円－8,000万円）／10,000万円×100％＝20％

例題2

例題1のような損益計算の構造をもつ企業が840万円の利益を上げるためには，あとどれだけ多く売り上げなければならないか。

〔解 答〕
840万円のを利益を上げるのに必要な売上高は（2,240万円＋840万円）／28％＝11,000万円と計算されるから，あと1,000万円を売り上げればよい。

演習問題

[問題1] 次の文章のうち，誤っているものを選びなさい。
ア　固定費は，操業度とは無関係に一定額発生する費用である。
イ　限界利益が1,200百万円，限界利益率が40％のとき，変動費は1,800百万円である。
ウ　損益分岐点売上高は，限界利益が固定費と一致する売上高である。
エ　損益分岐点比率が80％のとき，安全余裕率は20％である。
オ　固定費を削減することによって，限界利益率は高くなる。

（ビジネス会計検定2級，第5回，一部修正）

[問題2] 損益分岐点の特性を説明したものはどれか。
ア　固定費が変わらないとき，変動費率が低くなると損益分岐点は高くな

る。
イ　固定費が変わらないとき，変動費率の変化と損益分岐点の変化は正比例する。
ウ　損益分岐点での売上高は，固定費と変動費の和に等しい。
エ　変動費率が変わらないとき，固定費が小さくなると損益分岐点は高くなる。

（基本情報，平成22年春）

[問題3]　企業の売上高，固定費及び変動費がわかっているとき，損益分岐点比率，損益分岐点売上高及び変動費率は，それぞれ次の式で求めることができる。これらの式からいえる適切な記述はどれか。

損益分岐点比率＝損益分岐点売上高÷売上高
損益分岐点売上高＝固定費÷（１－変動費率）
変動費率＝変動費÷売上高

ア　売上に占める固定費が大きいほど，損益分岐点比率は低くなり，利益は増加する。
イ　損益分岐点比率が高いほど，売上に対する利益は多くなる。
ウ　損益分岐点比率が低いほど，売上に対する利益は多くなる。
エ　変動費率が高くなれば，損益分岐点比率は低くなり，利益も低下する。

（ITパスポート，平成22年春）

[問題4]　売上高，固定費，変動費が次の額であるとき，安全余裕率はいくらか。

売上高　　　50,000千円
固定費　　　16,000千円
変動費　　　30,000千円

ア 8％　　イ 20％　　ウ 28％　　エ 32％　　オ 40％

(第一種，平成7年)

[問題5] ある企業の損益計算を次のように行った。損益分岐点は何万円か。

ア　250
イ　490
ウ　500
エ　625

(単位：百万円)

項　目	内　訳	金額
売上高		700
売上原価	変動費　100 固定費　200	300
売上総利益		400
販売費・一般管理費	変動費　　40 固定費　300	340
税引前利益		60

(第一種，平成12年春)

[問題6] 損益計算資料から求められる損益分岐点となる売上高は何百万円か。

〔損益計算資料〕　単位　百万円

売上高	400
材料費（変動費）	140
外注費（変動費）	100
製造固定費	100
粗利益	60
販売固定費	20
営業利益	40

ア　160　　イ　250
ウ　300　　エ　360

(ITパスポート，平成21年秋)

[問題7] 販売価格が14万円の製品を製造する案として，表の通りのA案とB案がある。月当たりの販売数量が500個の場合，A案とB案の評価のうち，適切な記述はどれか。

案	月当たり固定費	変動費単価
A	1,500万円	9万円／個
B	2,500万円	7万円／個

ア　A案，B案ともに利益が出ない。
イ　A案とB案の利益は等しい。
ウ　A案の方が利益が多い。
エ　B案の方が利益が多い。

（初級シスアド，平成14年秋）

[問題8] 次の事業計画案に対して，新規設備投資に伴う減価償却費（固定費）の増加1,000万円を織り込み，かつ，売上総利益を3,000万円とするようにしたい。変動費率に変化がないとすると，売上高の増加を何万円にすればよいか。

単位　万円

売上高		20,000
売上原価	変動費	10,000
	固定費	8,000
	計	18,000
売上総利益		2,000
:		:

ア　2,000　　イ　3,000　　ウ　4,000　　エ　5,000

（ITストラテジスト，平成17年度）

[問題9] 表の条件で喫茶店を開業したい。月10万円の利益を出すためには，1客席当たり1日何人の客が必要か。

客1人当たりの売上高	500円
客1人当たりの変動費	100円
固定費	300,000円／月
1カ月の営業日数	20日
客席数	10席

ア　3.75　　　イ　4　　　ウ　4.2　　　エ　5

（初級シスアド，平成18年秋）（IT ストラテジスト，平成21年度）

第10章 標準原価計算と差異分析

1．標準原価管理のプロセス

　標準原価計算は，標準原価によって製品原価を計算する方法である。標準原価計算は，原価管理にとっても有用な手法でもある。原価管理とは，原価削減の目標値を設定し，それを達成するよう活動を統制することである。標準原価は，科学的・統計的調査に基づいて設定されたもので，能率の尺度となる原価である。つまり，良好な能率を発揮したとき発生すると期待される原価，規範的な原価である。

　図表10－1は標準原価管理の手続きを示したものである。標準原価管理は，まず，製品ごとに単位当たりの標準原価，つまり原価標準の設定を行うことからはじめる。実施後に，一定期間について実績が測定され，標準原価（実際生産量に対する標準原価）と比較されて差異額（標準原価差額）が算定される。次に，その差異が原因別に算定されて関係部署に報告され，必要に応じて是正措置（行動を正しい方向に修正すること）がとられる。原価標準が不適当なときには利用期間中に改訂されることもある。この原価差異は標準が適切に設定された信頼できる基準となるときに意味があるから

図表10－1　標準原価管理プロセス

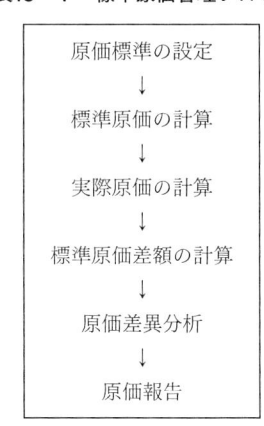

原価標準の設定
↓
標準原価の計算
↓
実際原価の計算
↓
標準原価差額の計算
↓
原価差異分析
↓
原価報告

である。

2．差異分析

　差異分析は，標準原価差異額を費目別にいくつかの要因に分析することである。基本的にはこの差異は価格要素の差異と物量要素の差異とに区分される。これらの差異分析の役割は，管理者の注意を喚起し，差異の発生原因を調査する出発点とすることにある。つまり，すべての差異の原因を調査する必要はなく，異常な差異のみに注意を払えばよい。
　標準原価差異を一覧にすると図表10－2のようになる。

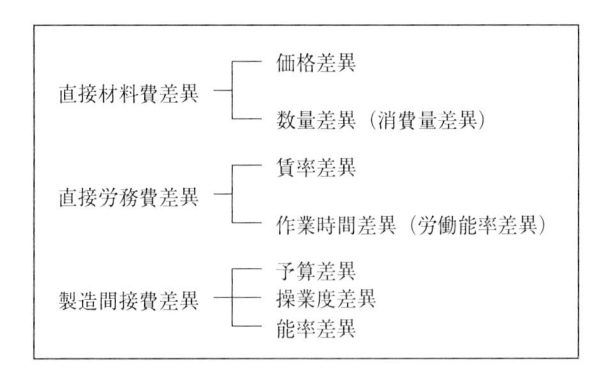

図表10－2　標準原価差異

```
直接材料費差異 ─┬─ 価格差異
                └─ 数量差異（消費量差異）

直接労務費差異 ─┬─ 賃率差異
                └─ 作業時間差異（労働能率差異）

製造間接費差異 ─┬─ 予算差異
                ├─ 操業度差異
                └─ 能率差異
```

　なお，各差異は実績値が目標値である標準を下回れば「有利差異」，上回れば「不利差異」となる。

（1）直接材料費の差異分析

　直接材料費差異は，標準直接材料費（直接材料費標準×実際生産量）と実際直接材料費との差額である。直接材料費差異は，価格差異と数量差異とに分解され，次の公式で算定される。

$$\text{価格差異} = (\text{実際価格} - \text{標準価格}) \times \text{実際消費量}$$
$$\text{数量差異} = (\text{実際消費量} - \text{標準消費量}) \times \text{標準価格}$$

次のように，矩形の面積を計算することによって差異を算定することもできる。

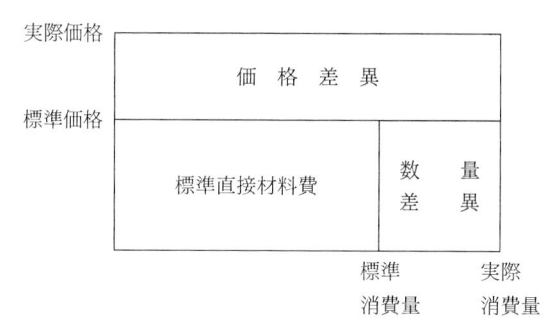

例題 1

次の空欄に数値を入れなさい。

直接材料費標準が標準消費量 3 kg，1 kg 当たりの標準価格2,800円であるとき，当月の生産量が520個，実際消費量が1,480kg，実際価格が 1 kg 当たり2,750円であったとすれば，数量差異は [　　　] 円の有利差異であり，価格差異は [　　　] 円の有利差異である。

解 答

価格差異＝（2,750円 － 2,800円）× 1,480kg ＝ － 74,000円（有利）
数量差異＝（1,480kg － 3 kg × 520個）× 2,800円 ＝ － 224,000円（有利）

（2）直接労務費の差異分析

直接労務費差異は，標準直接労務費（直接労務費標準×実際生産量）と実際直接

労務費との差額である。この差異は賃率差異と作業時間差異（労働能率差異）とに分解され，次の公式で算定される。

> 賃率差異 ＝（実際賃率 － 標準賃率）× 実際作業時間
> 作業時間差異 ＝（実際作業時間 － 標準作業時間）× 賃率

直接労務費の差異分析についても，矩形の面積を求めることによって差異を計算できる。

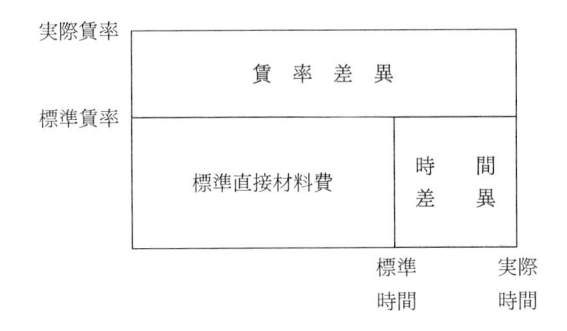

```
実際賃率 ┌─────────────────────┐
         │      賃  率  差  異      │
標準賃率 ├────────────┬────────┤
         │            │  時  間  │
         │ 標準直接材料費 │  差  異  │
         │            │        │
         └────────────┴────────┘
                      標準      実際
                      時間      時間
```

例題2

次の資料に基づき，賃率差異と作業時間差異を計算しなさい。

実 際 賃 率	850円
標 準 賃 率	840円
標準作業時間	1,230時間
実際作業時間	1,118時間

【解 答】

賃率差異 ＝（850円 － 840円）× 1,118時間 ＝ 11,180円（不利）
作業時間差異 ＝（1,118時間 － 1,230時間）× 840円 ＝ －94,080円（有利）

（3）製造間接費の差異分析

製造間接費差異は，標準配賦額（標準配賦率×標準操業度）と実際発生額との差額である。製造間接費差異はさらに，予算差異，操業度差異，能率差異に分解される。予算差異は，実際操業度における予算額と実際発生額との差額であり，製造間接費の節約・浪費，電力料金や税率の単価の予想できない変動などを反映する。能率差異は，作業能率の良し悪しを製造間接費について測定したものである。作業能率の良し悪しは，標準操業度と実際操業度との差から判断できる。操業度差異は，遊休設備能力費（アイドルキャパシティコスト）とか予定操業度からの隔たりであり，設備の利用状況を知るためのデータを提供する。

製造間接費差異は次の公式によって各差異に分解される。

予算差異 ＝ 実際発生額 －（固定費予算額 ＋ 実際操業度 × 変動費配賦率）
能率差異 ＝（実際操業度 － 標準操業度）× 標準配賦率 ［または
　　　　　（固定費予算額 ＋ 標準操業度 × 変動費配賦率）－ 実際操業度
　　　　　における予算額］
操業度差異 ＝（実際操業度 － 予定操業度）× 固定費配賦率

ここで操業度とは生産能力の利用度をいい，作業時間，機械時間，生産量などで測定される。

例題3

製造間接費に関する資料が次のように与えられているとき，予算差異はいくらか。

予定作業時間		8,000時間
予　算	変動費	4,160,000円
	固定費	3,840,000円
実際作業時間		7,800時間
実際発生額		7,834,000円

解答

変動費配賦率は変動費予算額を予定作業時間で除した値，つまり1時間当たりの変動間接費のことである。

予算差異＝実際発生額－（固定費予算額＋実際操業度×変動費配賦率）
　　　　＝7,834,000円－（3,840,000円＋7,800時間×4,160,000円／8,000時間）

よって，予算差異は62,000円の有利差異となる。

例題4

製品1個生産する標準時間が3時間と設定されている。当月に製品1,500個を生産し，4,620時間を要した。1時間当たりの標準間接費（標準配賦率）が1,830円であったとすれば，能率差異はいくらか。

解答

能率差異 ＝（実際操業度 － 標準操業度）× 標準配賦率
　　　　＝（4,620時間 － 3時間 × 1,500個）× 1,830円

よって，能率差異は219,600円の不利差異となる。

例題5

次の資料から製造間接費操業度差異を求めるといくらになるか。

　予定作業時間　　　　4,500時間
　固定間接費予算　　　3,213,000円
　実際作業時間　　　　4,200時間

　ア　214,200円の有利差異　　　イ　229,500円の有利差異
　ウ　214,200円の不利差異　　　エ　229,500円の不利差異

解 答

固定費配賦率は1時間当たりの固定間接費のことである。

操業度差異 ＝（実際操業度 － 予定操業度）× 固定費配賦率
　　　　　＝（4,200時間 － 4,500時間）× 3,213,000円／4,500時間
　　　　　＝ － 214,200円（不利差異）

よって，答えはウとなる。

3．原価企画

　標準原価管理は，直接労務費が多く製造環境が安定していて，反復的に作業される状況下では効果的な原価管理手法であるが，生産が自動化（FA化）され，直接労務費の割合がきわめて少なくなっている状況下では，製造段階での原価削減努力には限界がある。

　こうした背景の下，近年，製品の企画・設計段階における原価削減を目指す原価企画という手法が注目され，原価管理の重点が原価企画へと移行している。原価企画では，目標とする原価を利益目標との関係などから設定し，計画段階で工学的手法を用いて目標原価を達成するための手法である。目標原価に到達する過程でもっとコストを減らす方法はないかを追求し，設計図を何度か書き換えつつ目標原価を机上で達成し，製造段階で実現していく。

図表10－3　フェーズと原価管理手法

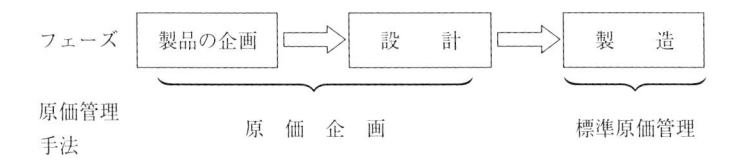

フェーズ	製品の企画 ⇒ 設　計 ⇒ 製　造
原価管理手法	［製品の企画・設計］原　価　企　画　／　［製造］標準原価管理

演習問題

[問題1] 次の文章の正誤の組み合わせとして正しいものを選びなさい。
① 標準原価は過去に発生した原価に基づいて，将来発生するだろう原価を予定したものである。
② すべての標準原価との差異はその原因を調査しなければならない。

ア ① 正　　② 正
イ ① 正　　② 誤
ウ ① 誤　　② 正
エ ① 誤　　② 誤

[問題2] 図に示す標準原価管理の手続について，a～cに該当する適切な組み合わせはどれか。

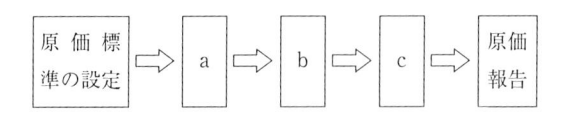

原価標準の設定 ⇒ a ⇒ b ⇒ c ⇒ 原価報告

	a	b	c
ア	原価差異分析	実際原価の計算	標準原価差額の計算
イ	原価差異分析	標準原価差額の計算	実際原価の計算
ウ	実際原価の計算	原価差異分析	標準原価差額の計算
エ	実際原価の計算	標準原価差額の計算	原価差異分析

（システム監査，平成11年，一部修正）

[問題3] 次の資料に基づき，直接材料費数量差異を計算すると， a であ

る。空欄 a に入る字句を選びなさい。

実際生産量	520個
実際価格	1,250円
標準価格	1,300円
1個当たり標準消費量	5 kg
実際消費量	2,548 kg

ア　65,000円の有利差異　　　イ　67,600円の有利差異
ウ　65,000円の不利差異　　　エ　67,600円の不利差異

[問題4] 次の文章の空欄 a と b に入る適当な字句の組み合わせとして正しいものを選びなさい。

「標準原価管理は a 段階での原価削減に焦点を当て，原価企画は b 段階で工学的手法を用いた原価引き下げ活動に焦点を当てている。」

ア　a　製造　　　　　b　販売
イ　a　製造　　　　　b　企画・設計
ウ　a　企画・設計　　b　販売
エ　a　企画・設計　　b　製造

[問題5] a 差異は，労働力や生産機械等の生産能力を基準時間に対してどの程度利用したかを測定する。空欄 a に入る適当な字句を選びなさい。
　　ア　能率　　イ　予算　　ウ　消費量　　エ　操業度

[問題6] 次の資料によって操業度差異を計算すると a 円の不利差異であり，能率差異は b 円の不利差異である。空欄 a と b に入る適当な字句の組み合わせとして正しいものを選びなさい。

予定作業時間　9,000時間
標準作業時間　8,200時間
実際作業時間　8,450時間
標準配賦率　　820円／時間（うち，固定費　560円／時間）

	a	b
ア	308,000	451,000
イ	308,000	205,000
ウ	448,000	205,000
エ	448,000	451,000

第11章 設備投資分析

1．設備投資の意思決定

　設備投資には，機械や建物等の固定資産の取得を伴う。情報システムの導入においても，さまざまな情報機器の他にソフトウェアの取得を要する。

　設備投資意思決定は，ある独立した設備投資案を採択するかどうか，2つ以上の代替的投資案が提案されているときにはどの案を採択するかを決定する問題を扱う。概して，その意思決定の経済的影響は長期にわたり，その投資額が巨額になるので，意思決定の良し悪しが企業の存続に重大な影響を与えかねない。設備投資意思決定は，反復的に発生するものではなく，1回限りの場合が多い。例として，新工場の建設計画，合併・買収計画，機械化投資計画などがある。

　設備投資案の評価はキャッシュフローによって行う。設備投資の経済効果が及ぶ期間を経済命数という。キャッシュフローとは，文字通りには，現金（資金）の流れのことである。つまり，現金の入り（現金流入額：キャッシュ・インフロー）と現金の出（現金流出額：キャッシュ・アウトフロー）を指す。この言葉は，一般には現金流入額から現金流出額を差し引いた正味キャッシュフローを意味する場合が多い。次のように示すことができる。正味キャッシュフローは，また，年間の利益額と減価償却費の合計額としても計算される。

> 正味キャッシュフロー ＝ キャッシュ・インフロー（現金流入額）－
> 　　　　　　　　　　　　キャッシュ・アウトフロー（現金流出額）

　設備投資案ごとにキャッシュフローが見積もられるが，設備投資への支出はその大部分は初めの時点で投入される。これを初期投資額という。さらに，設備投資から得られる正味キャッシュフローはその経済命数にわたって見積もられるが，計算上は，それらが毎期末に全額が獲得されると仮定される。比較されるのは，この初期投資額と正味キャッシュフローである。

2．設備投資の経済性計算

　設備投資案を評価する方法（経済性計算）には，貨幣の時間価値を考慮するかどうかによっていくつかの方法がある。貨幣の時間価値を考慮しない方法には，回収期間法，会計的投資利益率法などがある。貨幣価値を考慮する方法には，正味現在価値（NPV）法，内部利益率（IRR）法がある。貨幣の時間価値を考慮する方法は，割引キャッシュフロー（DCF）法と呼ばれる。

	設備投資の評価法
時間価値を考慮しない方法	回収期間法　　会計的投資利益率法
時間価値を考慮する方法	正味現在価値法　　内部利益率法

（1）回収期間法
　回収期間法は，投下資本額を毎年の（正味）キャッシュフローによって何年で回収できるかで評価する方法であり，回収期間の早い投資案を優先的に採用するものである。回収期間が早ければ早いほど，安全な投資案ということになる。
　この方法は最もわかりやすく簡単である。流動性や安全性を重視する会社に

よって採用される。投資案からのキャッシュフローの見積が極めて不確実なとき，多くの提案された投資案をスクリーニングするとき，収益性がそれほど要求されないときには妥当な方法である。回収後のキャッシュフローを無視している，収益性を考慮していないという欠点がある。

毎年のキャッシュフローが同額である場合の計算式を示せば次の通りである。

$$\text{回収期間} = \frac{\text{初期投資額}}{\text{毎年のキャッシュフロー}} \text{（年）}$$

しかし，毎年のキャッシュフローが異なる場合には，初年度からキャッシュフローを累積して，その金額が投資額に等しくなった年度を回収期間とする。

例題1

設備投資案の初期投資額が1,800万円で，この投資から5年間にわたって毎年500万円ずつキャッシュフローが生ずると期待される場合，この投資案の回収期間はいくらか。

解答

キャッシュフローが毎年同額であるから，
回収期間＝1,800万円／500万円
　　　　＝3.6年

この投資案を採択するかどうかは目標とする回収期間と比較されて決定される。

（2）会計的投資利益率法

会計的投資利益率法は，「経営分析」で解説したROIの評価法と同じ方法を設備投資の評価にも適用したものである。つまり，検討中の投資案から得られる年間の利益額を当該投資案の投資額で除した利益率によって評価する方法で

ある。独立の投資案が問題となっている場合には，その利益率が受け入れ可能な利益率を上回っていれば採択し，いくつかの投資案がある場合には，利益率の最も高い投資案を採択するというものである。

これには，総投資利益率法と平均投資利益率法があるが，平均投資利益率法の公式を示せば次のようになる。

$$\text{平均投資利益率} = \frac{\text{年々の会計上の利益額}}{\text{平均投資額}} \times 100\%$$

平均投資額は，初期投資額の１／２である。これは，設備投資に投じられた資金が毎年減価償却によって回収されるから，経済命数全体をみれば投資額の半分だけしか資金を使用していないという論拠によるものである。

（3）貨幣の時間価値

貨幣は時間と共にその価値を減少させていく。たとえば，もし誰かが100万円くれるというとき，１年後にもらうよりも，今もらった方がよい。なぜなら，今この100万円をもらってすぐに銀行に預ければ，１年後には100万円に利息を含めた現金を受け取ることができるからである。もし年利率が10％であるなら，１年後には110万円を受け取ることになる。つまり，現在の100万円は１年後の110万円と同価値をもつということになる。この関係を数式で示せば，次のようになる。

　　１年後の貨幣額 ＝ 現在の貨幣額（１＋ 年利率）

これを一般式にすれば（１）式のようになる。ただし，nは年数を表わす。

　　貨幣の将来価値 ＝ 貨幣の現在価値 ×（１＋ 利子率）^{n} …………（１）

投資案の評価は現在時点で行われるから，現在時点における将来の貨幣額の見積額は，現在時点の貨幣額つまり現在価値に引き戻さねば同じ次元で評価したことにはならない。（１）式から，貨幣の現在価値を求めると（２）式のよ

うになる。

$$貨幣の現在価値 = 貨幣の将来価値 \times \frac{1}{(1+利子率)^n} \cdots\cdots\cdots\cdots (2)$$

$1/(1+利子率)^n$の部分は，複利現在価値係数（現価係数）と呼ばれ，複利現価係数表（図表11－1）を利用できる。

図表11－1　複利現価係数表

年／利率	5％	7％	8％	10％	12％
1	0.952381	0.934579	0.925926	0.909091	0.892857
2	0.907029	0.873439	0.857339	0.826446	0.797194
3	0.863838	0.816298	0.793832	0.751315	0.71178
4	0.822702	0.762895	0.73503	0.683013	0.635518
5	0.783526	0.712986	0.680583	0.620921	0.567427

たとえば，10％の利子率で5年後の100万円は現在時点では100万円×0.6209＝62.09万円の価値しかないということである。

また，投資案からのキャッシュフローが毎期末同額であると見積もられる場合には，年金現価係数表（図表11－2）を利用することができる。たとえば，毎年5年間にわたって100万円のキャッシュフローを生み出す投資案の現在価値は，10％の利子率では100万円×3.7908＝379.08万円となる。このように将来のキャッシュフローの見積額を現在価値に引き戻すことを割り引くという。

なお，利子率つまり割引率として資本コストが用いられる。資本コストは資金利用のコストであり，他人資本に対する資本コストは借入金利子率，自己資本に対する資本コストは株主の期待利益率である。通常，加重平均資本コスト（WACC）が用いられる。

図表11－2　年金現価係数表

年／利率	5 %	7 %	8 %	10%	12%
1	0.952381	0.934579	0.925926	0.909091	0.892857
2	1.85941	1.808018	1.783265	1.735537	1.690051
3	2.723248	2.624316	2.577097	2.486852	2.401831
4	3.545951	3.387211	3.312127	3.169865	3.037349
5	4.329477	4.100197	3.99271	3.790787	3.604776

（4）正味現在価値法

　NPV法は，投資案の全期間のキャッシュフローを資本コストで割り引いて求めた現在価値合計から投資額を控除した金額，すなわち正味現在価値が正か負かによって当該投資案の採否を決定する方法である。つまり，投資案の正味現在価値≧0のとき，その投資案は採択され，正味現在価値＜0のとき否決される。

　　　正味現在価値 ＝ キャッシュフローの現在価値合計 － 初期投資額

　これを一般式で表せば次のようになる。

$$NPV = \left(\frac{R_1}{(1+i)} + \frac{R_2}{(1+i)^2} + \cdots\cdots + \frac{R_n}{(1+i)^n} \right) - I_0$$

　ここで，I_0は初期投資額，Rはキャッシュフロー，nは経済命数，iは割引率である。

例題2

　ある設備投資案の初期投資額が2,000万円で，5年間にわたり毎年500万円ずつキャッシュフローが生ずると期待される。資本コストを5％とするとき，この投資案のNPVは何万円（万円未満四捨五入する）か。

第11章 設備投資分析 125

解 答

キャッシュフローの現在価値は次のようになる（図表11-2を参照）。

500万円×4.3295＝2,165万円

よって，NPV は2,165万円－2,000万円＝165万円となる。

例題3

ある独立投資案の初期投資額が100,000千円で，キャッシュフローの見込みが次の通りであるとき，正味現在価値はいくらか。また，この投資案を採択すべきかどうかを決定しなさい。ただし，割引率は8％とする。

キャッシュフロー　1年　10,000千円　　2年　50,000千円

　　　　　　　　　3年　50,000千円　　4年　30,000千円

　　　　　　　　　5年　20,000千円

解 答

毎年のキャッシュフローの現在価値は次のようになる（図表11-2を参照）。

　　1年度　10,000千円×0.9259＝　 9,259千円
　　2　　　50,000千円×0.8573＝　42,865
　　3　　　50,000千円×0.7938＝　39,690
　　4　　　30,000千円×0.735 ＝　22,050
　　5　　　20,000千円×0.6806＝　13,612
　　　　　　合　計　　　　　　　127,476千円

したがって，正味現在価値＝127,476千円－100,000千円，つまり27,476千円である。正味現在価値がプラスなので，この投資案は採択される。

（5）内部利益率法

投資案の経済命数の全期間のキャッシュフローの現在価値と初期投資額とを一致させる利子率を内部利益率（IRR）という。これを数式で表せば，次のよ

うになる。次の等式が成り立つときの割引率 i が内部利益率である。つまり，内部利益率とは正味現在価値を 0 とするときの割引率に等しい。

$$I_0 = \frac{R_1}{(1+i)} + \frac{R_2}{(1+i)^2} + \cdots\cdots \frac{R_n}{(1+i)^n}$$

ここで，I_0 は初期投資額，R はキャッシュフロー，n は経済命数である。

IRR 法は，この内部利益率が資本コストを超えているかどうかによって投資案の採否を決定する方法である。つまり，投資案の内部利益率≧資本コストのとき，その投資案を採択し，内部利益率＜資本コストのときには否決する。

IRR は通常，複利現価表や年金現価表を用いて，場合によっては試行錯誤的に算定される。もし年々のキャッシュフローが同額と見積もられたときには，年金現価表を用いて容易に IRR を算出することができる。つまり，次のようにして年金現価係数（回収期間に等しい）を求めたら，投資案の経済命数でもっともこの係数に近い割引率を選び出せばよいのである。

初期投資額 ＝ 年々のキャッシュフロー × 年金現価係数

したがって，

$$年金現価係数 = \frac{初期投資額}{年々のキャッシュフロー}$$

たとえば，初期投資額が40億円，毎年のキャッシュフローが10億円，経済命数が 5 年の投資案があるとする。この投資案の年金現価係数（回収期間）は 4 となる。 5 年で年金現価係数が 4 となる割引率は， 7 ％と 8 ％の間にあることが分かる（図表11－2を参照のこと）。

しかし，年々のキャッシュフローが異なるときには IRR を試行錯誤によって算出せざるを得ない。その際，割引率を高くしていけば正味現在価値は下がり，割引率を低くすれば正味現在価値は多くなるという点を覚えておくと良い。

3．リース

　コンピュータ，サーバーなどの情報機器を購入（買取り）しないで，リースまたはレンタルを利用することがある。

　リース取引（ファイナンス・リース）は，リース会社（貸し手）が特定のユーザーの希望する物件を買い取って，それを貸し出すものである。その手続を示せば，図表11－3のようになる。

図表11－3　リース契約の手順

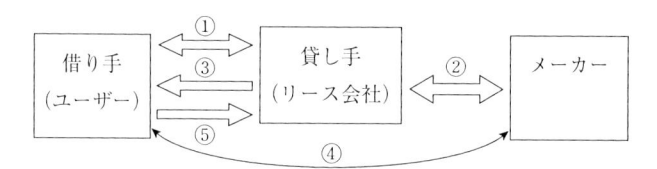

```
        ①
借り手 ⇄―――⇄ 貸し手   ②   メーカー
(ユーザー)  ③  (リース会社) ⇄―――⇄
        ⇄―――⇄
        ⑤
        ←―――――④―――――
```

① リース契約を結ぶ　　② リース物件の購入　　③ リース物件の引渡
④ 保守契約　　　　　　⑤ リース料の支払い

　図表11－4に示すように，リースにはオペレーティング・リースとファイナンス・リースがある。オペレーティング・リースは賃貸借契約であり，リース料は経費として支払うため，税務面でのメリットもある。ファイナンス・リースは実質的には売買取引である。したがって，リース資産として貸借対照表に表示され，減価償却が行われる。ファイナンス・リースの特徴は，途中で解約できないこと（ノン・キャンセラブル）とすべての費用をユーザーが負担すること（フル・ペイアブル）である。これ以外のリースがオペレーティング・リースになる。ファイナンス・リースには，契約期間後に所有権がユーザーに移転するものと移転しないものがある。それによって，減価償却期間が決定される。

　リース料には金利分が上乗せされるのが普通である。契約期間が満了した後，リース品を買い取ったり，再契約することができる。保守契約は，顧客と

メーカーとの間で行う。したがって，ユーザーは毎月，リース料金と保守費用を支払うことになる。

図表11－4　リースのタイプと処理

分　　類		処理方法	減価償却
オペレーティング・リース		賃貸借処理	必要なし
ファイナンス・リース	所有権移転	固定資産の購入	通常の耐用年数で償却
	所有権移転外		リース期間で償却

　リース期間で償却する場合には，残存価額をゼロにして行う。リース資産の金額には，もしわかれば，貸し手の購入価額が記載される。つまり，金利部分は分別して利息として把握される。

　保守契約は，借り手とメーカーとの間で契約する。リースの中途解約のときは残りの期間のリース料金を違約金として支払わなければならない。

　リース料総額は次のように計算する。

```
リース料総額 ＝ 購入価格* ×（月額）リース料率 × リース期間（月数）
            ＝（月額）リース料 × リース期間（月数）
（月額）リース料率 ＝（月額）リース料／購入価格*
　＊見積価格を用いる場合もある。
```

また，保守費用は定価をベースに次のように計算される。

```
保守費用 ＝ 定価 ×（月額）保守費率 × 保守契約月数
```

保守費用は通常，導入後2年目から発生する。

例題4

　購入価格100万円のパソコンLAN一式を，5年リースで利用したい。リース

料率を2％としたときのリース料総額は何万円か。ここで，リース料率とは月額リース料の購入価格に対する割合である。

　ア　112　　　イ　114　　　ウ　120　　　エ　124

（初級シスアド，平成9年）

解　答

　毎月のリース料金　　100万円×2％＝2万円
　5年間のリース料金　　2万円×5年×12カ月＝120万円
　したがって，ウが正しい。

4．リースとレンタル

　これに対して，レンタルは，不特定多数の企業や個人が反復して使用するものである。数日とか数カ月といった短い期間の利用に用いる。レンタル料は費用計上できる。一般に，レンタル期間中の返却は可能であり，故障時の修理はレンタル会社が行う。
　図表11－5はリース（ファイナンス・リース）とレンタルの相違点を比較したものである。

図表11－5　リースとレンタル

	リース	レンタル
所有権	リース会社*	レンタル会社
利用者	特定のユーザー	不特定多数のユーザー
期　間	長期間	短期間
日割りの料金	安い	高い
製　品	原則は新品	新品または中古
中途解約	不可	容易
故障時の修理	ユーザー負担	レンタル会社負担

＊期限後に所有権がユーザーに移転するケースもある。

演習問題

[問題1] 次の文章の正誤を答えなさい。
① 設備投資は長期間にわたって企業の成長や収益力に影響を与える。
② 設備投資は，通常，利益の大きさによって評価される。
③ 設備投資のキャッシュフローを現在価値に直すことを割り引くという。
④ 設備投資の評価で考慮しなければならない年数は，その設備の物理的な耐用年数である。
⑤ 回収期間法は安全性を重視した評価法である。
⑥ 正味現在価値法（NPV法）は，正味キャッシュフローの現在価値の大きさによって評価する方法である。

[問題2] 資本コストで割り引いた年々の現金流出入額の合計と投資額との差の大小によって，プロジェクトの採否を判断する方法はどれか。
　ア　回収期間法　　　　イ　正味現在価値法　　　ウ　投資利益率法
　エ　内部利益率法

（システム監査，平成10年度）

[問題3] 次の文章の空欄の中に入る語句の組み合わせとして，正しいものを選びなさい。
① 設備投資の経済性計算には，貨幣の時間価値を考慮しない方法と考慮する方法がある。前者には，投資額を何年でペイできるかによって評価する　a　法があり，後者には，正味キャッシュフローの現在価値合計と投資額とを比較する　b　法がある。

	a	b
ア	回収期間法	正味現在価値法
イ	内部利益率法	回収期間法
ウ	回収期間法	内部利益率法
エ	資本利益率法	正味現在価値法

② 現価係数には c 係数と d 係数がある。 c は，毎年異なるキャッシュフローを生み出す設備投資案を評価する時に用いられる。 d は，毎年同じ金額のキャッシュフローを生み出す設備投資案の評価に用いられる。

	c	d
ア	複利現価	回収期間
イ	複利現価	年金現価
ウ	内部利益	年金現価
エ	回収期間	内部利益

[問題4] 利子率が年5％であるとし，それを割引率とすると，1年後に得られる10,500円の割引現在価値は a 円である。空欄 a に当てはまる数値を選びなさい。

　ア　10,000　　イ　10,500　　ウ　11,000　　エ　11,025

（ビジネス会計検定2級，第4回，一部修正）

[問題5] 5年にわたって毎年2,000万円の正味キャッシュフローを生み出すと見積もられた投資案がある。この設備投資案の初期投資額が6,000万円であったとき，回収期間は a 年である。空欄 a に当てはまる数値を選びなさい。

　ア　1.67　　イ　2　　ウ　3　　エ　3.5　　オ　4

[問題6] ある設備投資案の初期投資額が2,000万円で，5年間にわたり毎年500万円ずつキャッシュフローが生ずると期待される。割引率を5％とするとき，この投資案のNPVは a 万円（万円未満四捨五入する）である。年金現価係数表を用いて，空欄 a に当てはまる数値を選びなさい。

年金現価係数表

利率／年	1	2	3	4	5
5％	0.9524	1.8594	2.7232	3.5460	4.3295

ア －95　　イ　165　　ウ　381　　エ　500

[問題7] 投資案X（独立投資案）がある。この投資案の初期投資額が1億円で，正味キャッシュフローの見込みが次の通りであるとき，複利現価係数表を参考にして正味現在価値を計算すると a 万円（万円未満四捨五入する）である。ただし，割引率は6％とする。空欄 a に当てはまる数値を選びなさい（単位：万円）。

年　度	正味キャッシュフロー
1	3,000万円
2	5,000万円
3	4,000万円

複利現価係数表

利率／年	1	2	3	4	5
6％	0.9434	0.8900	0.8396	0.7921	0.7473

ア　639　　イ　680　　ウ　742　　エ　2,000

[問題8] ある投資案の初期投資額が12億円であり，経済命数が5年で，毎年3億円のキャッシュフローを生み出すものと予想されるとき，この投資案のIRRは a ％台である。次の年金現価係数表を参考に，空欄 a に当てはまる数値を選びなさい。

年金現価係数表

年／利率	5％	6％	7％	8％	9％	10％	11％
5	4.3295	4.2124	4.1002	3.9927	3.8897	3.7908	3.7908

ア 5　　イ 6　　ウ 7　　エ 8　　オ 9

[問題9] 次の文章の正誤の組み合わせとして正しいものはどれか。
① ファイナンス・リースは実質的には賃貸借契約である。
② リース料金には金利が上乗せされている。

ア ① 正　② 正
イ ① 正　② 誤
ウ ① 誤　② 正
エ ① 誤　② 誤

[問題10] 新製品のコンピュータを導入する際に検討するファイナンス・リース契約，レンタル契約に関する記述で，正しいものはどれか。
ア ファイナンス・リースでは，リース期間が終了後に所有権が移転するかどうかに関わらず，減価償却期間を法定耐用年数で行わなければならない。
イ コンピュータのレンタル契約は，最低でも3年以上で契約する必要がある。
ウ ファイナンス・リースでは，保守費用はリース会社が負担する。

エ　ファイナンス・リースは実質的には売買取引であるから，リース資産はユーザーの貸借対照表に計上しなければならない。

(初級シスアド，平成10年，大幅修正)

[問題11] リース期間5年，リース料率2％としてリース契約をする場合，購入価格300万円のサーバ用コンピュータのリース料総額は何万円になるか。ここで，リース料率は購入価格に対する月額リース料の割合とする。

　　ア　324　　　　イ　330　　　　ウ　342　　　　エ　360

(初級シスアド，平成15年春)

[問題12] 1,000万円の機器の見積りを4年リースで依頼したところ，リース料の総額は1,152万円であった。この機器を再リースで使用して，リース料の総額を1,200万円とする場合，使用月数は何カ月か。ここで，使用期間中は新たな費用は発生しないものとし，再リース時の月額リース料は，当初の月額リース料の1／12とする。

　　ア　54　　　　イ　56　　　　ウ　72　　　　エ　76

(初級シスアド，平成15年秋)

第12章 バランスト・スコアカード

1．バランスト・スコアカードとは

　バランスト・スコアカード（Balanced Scorecard：BSC）は1990年代にアメリカで開発された管理会計手法である。従来の業績評価は財務指標（ROEなど）に偏ったものであった。その結果，短期的管理思考の弊害が現れてきたことから，長期的な思考で管理するために非財務的な指標（顧客満足，欠陥率など）を取り込んだ業績評価の仕組みが必要であった。

　その後，バランスト・スコアカードは経営戦略の実行のためのシステムへと進化してきた。バランスト・スコアカードは企業のビジョン・戦略をバランスト・スコアカードの戦略目標として具体化し，現場の業務活動に落とし込む（図表12−1）。つまり，バランスト・スコアカードは戦略と業務活動との橋渡し役を果たす。したがって，戦略を現場の従業員に伝達し，共有化するコミュニケーション・ツールとしても用いることができる。ビジョンとは企業が将来なりたいと思う理想の姿である。たとえば，「世界ナンバーワンの企業になる」がそれである。戦略はそのビジョンを実現させる具体的な目標となる。たとえば，「マーケット・シェアを50％にする」とか「売上高10兆円を達成する」がその例である。バランスト・スコアカードは長期的なスパンで財務目標を達成する仕組みとして機能する。わが国では，戦略の策定や経営品質の向上にも活用されている。また，これを報酬制度とリンクしている企業もある。バランスト・スコアカードは営利組織だけでなく病院や学校の非営利組織でも採用される。

図表12－1　バランスト・スコアカードの位置づけ

ビジョン 戦略 ⇒ バランスト・スコアカード ⇒ 業務活動

2．4つの視点

　バランスト・スコアカードは，業績評価を4つの視点から捉えようとする。財務の視点，顧客の視点，内部プロセスの視点，学習と成長の視点がそれである。財務の視点は株主や債権者のためにどのように行動すべきかの視点である。顧客の視点は顧客を満足させるためにどのように行動すべきかという視点である。内部プロセスの視点は業務活動の効率性を達成し，業務の卓越性を追求する視点である。学習と成長の視点は変革と業務の改善のできる能力をどのようにして整備するかの視点である。

　視点ごとに指標（または尺度）例をあげると次のようになる。

　財務の視点……増収率，増益率，ROE，EVA，キャッシュフロー

　顧客の視点……顧客ロイヤルティ，顧客満足，マーケット・シェア（市場占有率），リピート率

　内部プロセスの視点……生産リードタイム，欠陥率，品質，納期遵守率

　学習と成長の視点……資格取得率，離職率，従業員満足，IT活用度

　業績指標には，成果指標とパフォーマンス・ドライバーがある。成果をもたらす先行指標となるのがパフォーマンス・ドライバーである。成果指標は財務指標であり，パフォーマンス・ドライバーと比べて結果が遅れて現れるので遅行指標とも呼ばれる。たとえば，顧客リピート率（繰り返し自社商品を購入してくれる顧客の割合）の増加によって売上高が増大するなら，顧客リピート率は売上高のパフォーマンス・ドライバーであり，売上高は成果指標となる。

　財務の視点の指標例として挙げたEVAについて説明しておく。EVAはEconomic Value Addedの略で，経済付加価値と訳され，企業価値または株主価値

を測定する指標である。ROE や ROA が比率で示されるのに対して EVA は金額で示される。次の計算式で求められる。

　　EVA ＝ 税引後営業利益 － 資本費用

　資本費用は資本の利用にかかるコストで総資本額に資本コスト率を乗じて求められる。調達される資金（資本）には金利や配当金などのコストが発生するが，このコストが資本コストである。資本コスト率として通常は加重平均資本コスト（WACC）が用いられる。

　これらの各視点はステークホルダーの視点と符合する。財務の視点は株主，顧客の視点は顧客，内部プロセスの視点はサプライヤー（部品供給業者）や取引先，学習と成長の視点は従業員である。

3．戦略マップ

　上述したように，バランスト・スコアカードは経営戦略の実行のためのシステムとして進化してきた。つまり，バランスト・スコアカードは戦略を実現するためのロードマップ（道筋）としての役割を果たすよう期待されるようになった。戦略はまずいくつかの戦略テーマに区分される。戦略テーマは戦略を実行するための焦点の絞られた論題であり，戦略を実行して成功するために企業は何をしなければならないのかを明示したものである。「売上高増大」，「生産性の向上」などが一例である。次に，戦略テーマ別に戦略目標が掲げられる。つまり，戦略目標は戦略テーマを達成するための具体的な目標である。これは4つの視点別に計画される。戦略目標は20〜30となる場合が多い。これらの関係を示したのが，図表12－2である。

図表12-2　戦略，戦略テーマ，戦略目標の関係

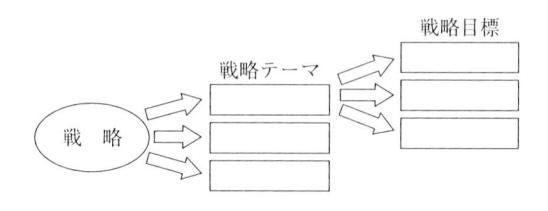

各視点の戦略目標は因果関係で結びつけられている。図表12-3はこの関係を例示している。

図表12-3　戦略目標の因果関係

戦略目標：従業員のスキルアップ → 不良品率の低下 → 顧客の満足度アップ → 売上高の増大

視点：学習と成長　内部プロセス　顧　客　財　務

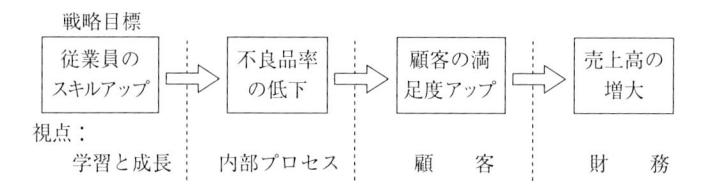

　図表12-3では，売上高の増大を達成するには顧客満足度を高める必要があり，そのためには製造段階での製品欠陥率を低く抑えて品質を高め納期を守る必要があり，そのためには従業員を訓練してスキルアップを図る必要があることを示している。しかし，この因果関係は当初はあくまでも仮説に過ぎず，戦略検討会議でのレビューで見直しされ作り替えられることもある。
　これを図解したのが戦略マップである。図表12-5に一例を示した。つまり，戦略マップは，戦略実現へのロードマップを視覚化したものである。
　バランスト・スコアカードは戦略マップとスコアカードから構成されている。戦略マップでは，因果関係は，学習と成長 → 内部プロセス → 顧客 → 財務へと連結されている。予期されるように，財務の視点の戦略目標の達成までには長期間を要することが窺える。
　スコアカードでは各戦略目標には適切な指標（または尺度），目標値（ターゲッ

ト）が設定される。そこに設定される目標値の達成水準は高い方が望ましい。これをストレッチ・ターゲット（挑戦的目標）という。ストレッチ・ターゲットを達成しやすくするために，アクション・プランが立てられ，資金的な担保が確保される。たとえば，「従業員の能力向上」の目標値の50％はストレッチ・ターゲットであるとする。もし何も対策を打たずに現状のままであればせいぜい30％しか達成できず，50％の達成は困難であるとする。このような場合に，従業員への教育・研修の機会を増やしたり，資格取得のための講座受講に資金的な援助をするというアクション・プランを導入する，などがこれである。アクション・プランは実施項目（イニシアティブ）ともいわれる。

　図表12−4は，スコアカードのフォームを示している。

図表12−4　スコアカード

戦略目標	業績指標	目標値	実施項目	予　算
				￥×××

　戦略マップとスコアカードを例示すると，図表12−5のようになる。ただし，図表のスコアカードには実施項目と予算欄は示されていない。

図表12−5　戦略マップとスコアカード

戦略マップ

財　務	売上の増大
顧　客	顧客満足　リピート顧客の増加
内　部プロセス	生産速度の短縮　品質の向上
学習と成　長	従業員の能力向上

スコアカード

戦略目標	指　標	目標値
売上の増大	増収率	20％
顧客満足	満足度	80％
リピート顧客の増加	リピート率	40％
生産速度の短縮	生産時間	2時間
品質の向上	欠陥率	0.01％
従業員の能力向上	資格取得率	50％

4．バランスト・スコアカードによる戦略マネジメント

　戦略は策定されただけでは実現されない。戦略を現場に落とし込んで実行されなければならない。バランスト・スコアカードを活用することによって，戦略マネジメントを実施することができる。そのときのマネジメント・サイクルを示すと図表12－6のようになる。

　まず戦略を策定し，それをバランスト・スコアカードと戦略マップに落とし込む。4つの視点の戦略目標の因果関係を描いたら，各戦略目標の業績指標と目標値等を設定する。一定期間後に実施した結果の情報を入手し，各業績指標の実績値を目標値と比較して目標達成の進捗状況を確認する。その際に進捗状況を色分けして見やすくすることもできる。たとえば，目標値を達成できていれば「緑」，わずかに下回っていれば「黄」，はるかに及ばなければ「赤」といったようにである。

　因果関係が仮定した通りに連動しているかどうかを確かめる。数年たってもその因果関係がうまく連動していなければ因果関係の仮説を見直すことも必要

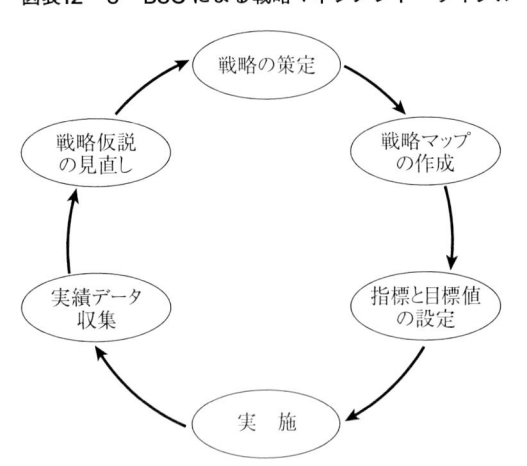

図表12－6　BSCによる戦略マネジメント・サイクル

になる。場合によっては，戦略が創発されることもある（競争環境や市場環境などによって戦略が新たにされること）。このサイクルを繰り返すことによって，戦略マネジメントを実施するフレームワークが提供される。

なお，バランスト・スコアカードは組織全体だけではなく，組織の各単位，例えば事業部や部門へと下方展開されることになる。その際は，組織全体の戦略と一貫させて実施される必要がある。

演習問題

[問題1] 次の文章の正誤の組み合わせとして正しいものを選びなさい。
① 戦略マップは4つの視点の戦略目標間にどのような因果関係があるかを視覚的に記述した図表である。
② BSCにおいて，「学習と成長」の視点のステークホルダーは経営者である。

ア ① 正　　② 正
イ ① 正　　② 誤
ウ ① 誤　　② 正
エ ① 誤　　② 誤

[問題2] バランスト・スコアカードに関する記述で，誤っているものはどれか。
ア バランスト・スコアカードは戦略マップとスコアカードから構成されている。
イ 財務の視点の指標は顧客の視点の指標に先行する。
ウ 欠陥率は内部プロセスの視点の指標である。
エ 顧客の視点の目標は顧客満足を向上させることである。

[問題3] 消費財メーカにおけるBSC（バランススコアカード）で，顧客の視点に関する業績評価指標として，最も適切なものはどれか。

ア　開発効率　　　　イ　キャッシュフロー　　　ウ　市場占有率
エ　特許取得件数

(ITパスポート，平成22年春)

[問題4] バランスト・スコアカード（BSC）による業績評価に関して，4つ視点と次の指標の組み合わせとして正しいものを選びなさい。

① ROE　　② 提案件数　　③ リピート率　　④ 生産リードタイム

	財　務	顧　客	内部プロセス	学習と成長
ア	①	②	④	③
イ	③	④	⑤	①
ウ	③	①	②	④
エ	①	③	④	②

[問題5] 以下のバランスト・スコアカードとその説明に関する文章を読み，不適切なものを1つ選びなさい。

ア　企業戦略を4つの視点から見て目標を設定し，バランスをとりながら戦略を立案するための手法である。

イ　顧客の視点では，どのように顧客満足度や市場の占有率を向上させるか，新規顧客を獲得するかなどを目標として設定する。

ウ　学習と成長の視点では，企業のビジョンを達成するために組織をどのような構造にするか，従業員の教育をどのように行うかなどを目標として設定する。

エ　情報システムの視点では，業務のプロセスや顧客管理のプロセスのためにどのように情報システムを活用するかなどを目標として設定する。

(企業情報管理士認定試験，第6回修正)

解　答

第1章

問題1
1．ウ　　2．順にエ，キ　　3．ア　　4．イ　　5．オ

問題2
簿記上の取引となる事象は，a，b，d，f，gの5つである。したがって，イが正しい。

問題3
ウが正しい。

ア，イ，エは企業の財産に影響を与えるので「取引」となり帳簿に記録されるが，ウは契約をしただけであって金銭の増減はないので帳簿には記録されない。

問題4
1．順に　エ，イ，ク　　2．順に　ア，オ（またはケ），ケ（またはオ），オ
3．オ　　4．順に　ウ，キ　　5．ウ　　6．カ

問題5
エが正解。

問題6
イが正解。

問題7
売掛金の増加はキャッシュとしての回収が遅れていることを示しているから，キャッシュフローを増加させない。したがって，エが正しい。

問題8
ウが正解。

貸借対照表は借方に資金の運用形態を表す資産を，貸方に資金の調達形態を表す負債と資本を記載したものであるから，ウが正しい。株主資本等変動計算書は株主資本の当期の変動額を示した計算書である。

問題9
アが正解。

問題10
エが正解。
アとウは営業活動からのキャッシュフローを減少させる。イは投資活動からのキャッシュフローを減少させる。エは財務活動からのキャッシュフローを増加させる。したがって，キャッシュフローを増加させるのはエである。

第2章

問題1
アが正しい。

問題2
ウが正しい。本文の図表2-1を参照のこと。

問題3
オが正しい。

問題4
エが正しい。売掛金が減少することは，売掛金勘定の貸方に記入される取引である。したがって，借方の内容を調べればよい。たとえば，返品や値引き，受取手形の増加などが考えられる。

問題5
ウが正しい。商品の販売の時の代金の未収額は「売掛金」勘定で処理し，商品の販売以外の時の代金の未収額は「未収金」勘定で処理する。

問題6
エが正しい。aは貸借対照表，bは損益計算書，cは純利益であるからエが正しい。本文の

図表2−4を参照のこと。

第3章

問題1

当期の売上原価は次の公式で求められる。

売上原価 ＝ 期首商品棚卸高 ＋ 当期商品仕入高 － 期末商品棚卸高

したがって，売上原価＝30百万円＋100百万円－20百万円であるから，答えはエの110百万円となる。

問題2

インフレ期（物価上昇期）には，先入先出法で売上原価を計算すると後入先出法よりも低く計算され，したがって売上総利益は高く示されることになるから①は×。また，棚卸資産を過大に評価するとは，棚卸価額を大きく計上するということである。ということは，売上原価は低く示されるから利益は過大に計上されることになる。したがって②は×になり，エが正しい。

問題3

10月15日の売上原価	70個 × 200円 ＝ 14,000円
10月25日の売上原価	30個 × 200円 ＝ 6,000円
	30個 × 215円 ＝ 6,450円
合　計	26,450円

したがって，アが正しい。

問題4

物価上昇時において，期末において最も在庫高が高くなるのは，新たに仕入れた商品価格が多く在庫する方法であるから，先入先出法となる。最も低くなるのは古く仕入れた商品価格が多く残る後入先出法である。したがって，ウが正しい。

問題5

先入先出法では，在庫は最近仕入れた商品価格から在庫するから，在庫金額は次のように計算される。

4個×14円＋3個×13円＋2個×12円＋1個×11円＋5個×10円＝180円

後入先出法では，在庫は古く仕入れた商品価格から在庫するから，在庫金額は次のように計算される。

10個×10円＋1個×11円＋2個×12円＋2個×13円＝161円
したがって，アが正しい。

問題6

ウが正しい。

問題7

4／10は3,000個の払い出しであるから，そのうちの2,000個は100円の単価のもの，残りの1,000個は130円のものとなる。

　　　　　2,000個 × 100円 ＝ 200,000円
　　　　　1,000個 × 130円 ＝ 130,000円
　計　　　3,000個　　　　　330,000円

したがって，単価は110円となり，イが正しい。

第4章

問題1

有形固定資産でも土地は減価償却の対象とはならないから，イが正解。

問題2

1年目の減価償却額が約32万円であるということは，求める償却率は次のようになる。
　100万円×償却率＝約32万円
よって，償却率は約32％となる。2年目の減価償却額は次の計算になる。
　（100万円－32万円）×32％＝21.76万円
以上より，イが正しい。

問題3

アが正しい。本文中の計算式を参照のこと。

問題4

残高試算表をみると，減価償却累計額勘定があるので間接法で処理していることがわかる。したがって，建物の10,000千円は取得価額である。そこで，定額法によって償却すれば次のようになる。
　減価償却費（10,000千円－10,000千円×10％）／20年＝450千円
　答えは，ウとなる。

問題 5

固定資産の当期末残高は常に前期末残高の75％になるから，225,000円を0.75で除すれば，取得 1 年後の期末残高つまり帳簿価額（未償却残高）となり，さらにその金額を0.75で除すれば取得価額が求められる。

　　225,000円÷0.75＝300,000円　　　300,000円÷0.75＝400,000円

したがって，エが正しい。

問題 6

アとイは棚卸資産価額と売上原価の計算に関係する方法，エは連結会計に関係する方法である。したがって，定率法のウが正しい。

問題 7

定額法で減価償却すると毎年の減価償却額は（200,000円－200,000円×10％）÷ 4 年を計算して，45,000円となる。3 年経過後の帳簿価額は200,000円－45,000円× 3 年＝65,000円である。したがって，売却損は 65,000円－10,000円＝55,000円となる。ウが正しい。

第 5 章

問題 1

貸付金は，1 年以内に返済されるものは短期貸付金として流動資産に表示され，1 年を超えるものは長期貸付金として固定資産（投資その他の資産）に表示される。したがって，エが正しい。

問題 2

社債は固定負債であるから，エが正しい。

問題 3

流動資産は，売掛金，商品，短期貸付金，現金であるから，これらの金額を合計すると，570,420円となり，ウが正しい。

問題 4

図表 4 － 2 を参照すれば，アは売上総利益，イは営業利益，ウは経常利益，エは税引前当期純利益である。したがって，ウが正しい。

問題 5

支払利息は営業外費用，固定資産売却損は特別損失，有価証券利息は営業外収益である。したがって，ウが正しい。

問題 6

売上原価はデータにないので，経常利益から逆算して求める。

営業利益 ＝ 経常利益 － 営業外収益 ＋ 営業外費用
　　　　 ＝ 230 － 80 ＋ 60 ＝ 210（百万円）

したがって，イが正しい。

第6章

問題 1

アが正しい。

問題 2

債務保証の有無，売上高の大きさは関連会社を判定する基準ではない。関連会社は議決権ある株式の20～50％を所有し経営方針などに重要な影響を与えることのできる会社である。したがって，ウが正解である。

問題 3

アが正しい。

問題 4

親会社に帰属する純利益は2,000百万円×25％＝500百万円となり，イが正しい。親会社の連結貸借対照表の「関連会社株式」の金額を500百万円増加させるとともに，連結損益計算書の「持分法による投資利益」に500百万円を計上する。

問題 5

株式の保有状況から，B社とC社は親会社A社の子会社である。これらの会社間の売上は内部取引であるから連結上相殺消去される。したがって，連結売上高は次のようになる。

A社の売上高の10％を消去して，	630,000百万円
B社の売上高（消去なし）	350,000百万円
C社の売上高（消去なし）	250,000百万円
合　計	1,230,000百万円

解　答　149

したがって，アが正しい。

第7章

問題1
当座比率は高い方が優れているが，固定比率は低い方が優れているので，①は正しく，②は誤りである。よってイが正しい。

問題2
固定比率は自己資本に対する固定資産の割合である。自己資本比率は総資産に対する自己資本の割合である。流動比率の値が大きいほど安全性が高い。よって，ウが正しい。

問題3
各比率は次のように計算される。

	2009年度	2010年度
固 定 比 率	125%	200%
自己資本比率	25%	15.4%
総資本回転率	2.5回	3.08回
流 動 比 率	157%	113%

以上により，向上したのは総資本回転率であり，ウが正しい。
なお，比率が高くなれば業績が向上する指標と低くなれば向上する指標があることに注意すべきである。

比率が高くなると向上する指標	比率が低くなれば向上する指標
流動比率　　当座比率 自己資本比率　資本回転率	固定比率　　固定長期適合率 負債比率

問題4
自己資本は総資本の80%を，資本金は総資本の10%を占めるから，自己資本に占める資本金の割合は次のように12.5%であり，イが正しい。

10%／80%×100%＝12.5%

問題5
売上高営業利益率が10%，営業利益200百万円であるから，売上高は2,000百万円と算定できる。次に売上高の80%が売上原価であるから，売上原価は1,600百万円となり，イが正しい。

問題6

ROEは自己資本(株主持分)に対する当期純利益の比率であるから,イが正しい。

問題7

ROEは自己資本利益率のことであるから,分母は「自己資本」となる。イが正しい。

問題8

自己資本比率が30％であるから,総資本に占める負債の割合は70％である。したがって,総資本は5,600÷0.7＝8,000となる。総資本回転率から,売上高は8,000×1.25＝10,000と算定される。売上高経常利益率が6％から,経常利益は600となる。したがって,求められる総資本経常利益率は600÷8,000で,7.5％である。オが正しい。

問題9

営業キャッシュフロー＝売上高×営業キャッシュフロー・マージンから,営業キャッシュフローは1,000百万円となる。自己資本営業キャッシュフロー比率＝営業キャッシュフロー÷自己資本から,自己資本は5,000百万円と計算される。よって,オが正しい。

問題10

問1．1株当たり当期純利益(EPS)は50,000／1,000＝50円である。
したがって,PER＝株価250円／EPS50円＝5倍である。エが正しい。

問2．1株当たりの純資産額は250,000／1,000＝250円である。
したがって,PBR＝株価250円／1株当たり純資産額250円＝1となるので,イが正しい。

問題11

①は正しい。②は誤り。棚卸資産回転率は棚卸資産として投下した資本が売上高として回収されるまでの速度を表すので,数値が高い方が棚卸資産の管理が適切に行われていることになる。したがって,解答はイとなる。

問題12

経営分析の前に次のような連結貸借対照表を作成しておく必要がある。

解　　答　151

連結貸借対照表

現　　　　金	60	買　掛　金	60
売　掛　金	260	短期借入金	260
機　械　装　置	300	資　本　金	300

連結流動比率は（60＋260）／（60＋260）×100＝100％となる。イが正しい。

問題13

ウが正しい。"商品く"は，売上高は相対的に多くはないものの，利益率の高さから利益が大きく，しかも商品回転率が高いことから補充回数が多いので，余分な在庫は少ないといえる。

第8章

問題1

①製造原価明細書の最終行は当期製品製造原価である。②製造活動に投入した材料費，労務費，経費の合計額は当期総製造費用である。③は正しい。したがって，解答はイとなる。

問題2

イが正しい。ここで原価要素とは製造原価のことであり，材料費，労務費，経費を指しているから，寄付金，社債利息，特別損失は非原価項目である。

問題3

当期総製造費用＝材料費160＋労務費140＋製造経費100＝400
当期製品製造原価＝期首仕掛品棚卸高20＋当期総製造費用400－期末仕掛品棚卸高60＝360
売上原価＝期首製品棚卸高40＋当期製品製造原価360－期末製品棚卸高20＝380
よって，売上総利益＝売上高600－売上原価380＝220
エが正しい。

問題4

①正しい。②正しい。③正しい。④誤り。一般には生産量＝販売量以外は営業利益は異なる。したがって，ウが正しい。

問題5

ウが正しい。TCO（Total Cost of Ownership）は，ハードウェアおよびソフトウェアの導入

から運用管理までを含んだ総コストである。

問題6

まず，前期の売上高は次のように計算される。

$$前期の売上高 = 8,200万円 \times \frac{984万円}{6,560万円} = 1,230万円$$

当期の売上高は修正額を加味して，前期分と当期分をまとめて計算してから，前期分の売上高を控除して求められる。

$$前期・当期の売上高 = 8,500万円 \times \frac{984万円 + 3,144万円}{6,880万円} = 5,100万円$$

当期の売上高＝5,100万円－1,230万円＝3,870万円
したがって，アが正しい。

問題7

ア．ソフトウェアの原価計算は個別原価計算が多く用いられる。イ．人件費や外注費が多い。ウ．販売費に含める。エ．正しい。規模が大きいと開発工数も多くなるので発生する費用も多くなる。

問題8

アが正しい。自社利用のソフトウェアの制作費は無形固定資産に計上され，5年間で均等額償却される。

第9章

問題1

オが正しい。なお，ビジネス会計検定の公式テキストでは，安全余裕率は「経営安全率」と呼ばれている。

問題2

変動費率や固定費が小さくなると損益分岐点は下がる。確かに，変動費率が高くなれば損益分岐点は高くなり，変動費率が低くなれば損益分岐点は下がるが，比例はしない。したがって，ウが正しい。

解　答　153

問題3
ウが正しい。損失は出ていないが利益も出ない損益分岐点が低いと，利益が出やすくなる。

問題4
限界利益率は（50,000－30,000）／50,000＝0.4であるから，損益分岐点は16,000／0.4＝40,000千円となる。したがって，安全余裕率は（50,000－40,000）／50,000×100＝20％なので，イが正しい。

問題5
限界利益は700－（100＋40）＝560百万円，限界利益率は80％である。
したがって損益分岐点は（200＋300）／80％＝625百万円となる。エが正しい。

問題6
本問の損益計算資料を次のように書き換えられる。

売 上 高	400 百万円	100％
変 動 費	240	60％
限界利益	160	40％
固 定 費	120	
営業利益	40	

したがって，損益分岐点は固定費120／限界利益率40％＝300（百万円）
ウが正しい。

問題7
A案での利益　（14万円－9万円）×500個－1,500万円＝1,000万円
B案での利益　（14万円－7万円）×500個－2,500万円＝1,000万円
よって，イが正しい。

問題8
売上高をxとすると，この会社の売上総利益は次のようになる。
　　x －0.5x －8,000＝売上総利益
計画によると，固定費を1,000万円増やし売上総利益を3,000万円にするので，上記の式は次のように変化する。
　　x －0.5x －9,000＝3,000

これを解くと，x＝24,000（万円）となる。
したがって，売上高をあと4,000万円増やせばよい。ウが正しい。

問題 9

客1人当たりの限界利益は，500円－100円＝400円
この限界利益で固定費の300,000円をまかない利益100,000円を獲得するためには，お客は400,000円／400円＝1,000人必要である。1カ月の営業日数は20日だから，1日当たり50人のお客が必要である。席は10あるから1席当たり5人のお客が入らないと，計画が達成できない。よって，エが正しい。

第10章

問題 1

標準原価は科学的手法によって設定された原価であり，見積りによるものではない。また，すべての差異を調査する必要はない。したがって，エが正しい。

問題 2

エが正しい。図表9－1を参照のこと。

問題 3

520個の標準消費量は，520個×5kg＝2,600kg
求める数量差異は，(2,600kg－2,548kg)×1,250円＝65,000円（不利差異）となる。したがって，ウが正解である。

問題 4

標準原価管理は製造段階（フェーズ），原価企画は製品の企画・設計段階に焦点を当てるから，イが正しい。

問題 5

この記述は操業度差異のことであるから，エが正しい。

問題 6

操業度差異　(9,000時間－8,450時間)×560円＝308,000円（不利差異）
能率差異　　(8,450時間－8,200時間)×820円＝205,000円（不利差異）
以上により，イが正解である。

第11章

問題 1

①正 ②誤。キャッシュフローによって評価される。③正 ④誤。経済命数である。⑤正 ⑥正

問題 2

イが正しい。

問題 3

① aは回収期間法，bは正味現在価値法であるから，アが正しい
② cは複利現価係数，dは年金現価係数であるから，イが正しい。

問題 4

割引現在価値は10,500円を（1＋5％）で除して求められる。したがって，10,000円となりアが正しい。

問題 5

キャッシュフローは毎年同じ金額だから，次の計算で回収期間を求められる。
　　回収期間＝6,000万円／2,000万円＝3年
したがって，答えはウとなる。

問題 6

年金現価係数表より，5％で5年の係数4.3295を用いて，次のように計算される。
　　500万円×4.3295＝2,164.75万円
したがって，NPV＝2,165万円－2,000万円＝165万円
解答はイとなる。

問題 7

次の計算により，アが正しい。

1年	3,000万円 × 0.9434	＝	2,830.2万円
2年	5,000万円 × 0.89	＝	4,450 万円
3年	4,000万円 × 0.8396	＝	3,358.4万円
計			10,638.6万円

（万円未満四捨五入して10,639万円）

よって，NPV ＝ 10,639万円 － 10,000万円 ＝ 639万円

問題 8
毎期同じキャッシュフローなので，回収期間を求める。回収期間は 4 年である。したがって，5 年で年金現価係数が 4 となる割引率を探せばよい。7 ％～ 8 ％の間にあることになるから，答えは 7 ％台となり，ウが正しい。

問題 9
① 誤り。ファイナンス・リースは実質的には売買取引である。
② 正しい。
したがって，ウが正解。

問題 10
ファイナンス・リースでは所有権が移転する場合と移転しない場合では減価償却期間が異なる。コンピュータのレンタル期間が 3 年という制限はない。保守費用は全額ユーザーが負担する。したがって，エが正しい。

問題 11
300万円× 2 ％× 5 年×12カ月＝360万円。したがって，エが正しい。

問題 12
4 年契約の時の月額リース料は1,152万円／ 4 年×12カ月＝24万円である。再リースで利用できる資金は（1,200万円－1,152万円）＝48万円である。再リース時のリース料は24万円の 1 ／12なので 2 万円である。したがって，48万円÷ 2 万円＝24カ月分支払える。よって，1,200万円の資金で使用できる月数は48カ月＋24カ月＝72カ月となり，ウが正しい。

第12章

問題 1
学習と成長の視点のステークホルダーは従業員である。したがって，イが正しい。

問題 2
イの文章が誤りである。因果関係が逆である。顧客 → 財務という関係である。

問題 3

ウが正しい。バランスト・スコアカードの顧客の視点では，市場占有率や顧客満足度を指標とする。

問題 4

ROE は「財務」，提案件数は「学習と成長」，リピート率は「顧客」，生産リードタイムは「内部プロセス」の指標例である。したがって，エが正しい。

生産リードタイムとは原材料を投入して製品が完成するまでの時間をいう。

問題 5

エが正解。バランスト・スコアカードの4つの視点には，情報システムの視点というのはない。

参考文献

・大阪商工会議所『ビジネス会計検定試験［公式テキスト］』中央経済社，2009年。
・大阪商工会議所『ビジネス会計検定試験［公式過去問題集］』中央経済社，2010年。
・櫻井通晴『ソフトウェア管理会計』白桃書房，2008年。
・志村正『基礎から学ぶ原価計算』東京経済情報出版，2008年。
・志村正『基礎から学ぶ管理会計』東京経済情報出版，2011年。
・志村正『簿記基本書〔改訂版〕』創成社，2008年。

索　引

[A－Z]

ABC ……………………………………91
BSC ……………………………………135
CVP ……………………………………100
EPS ……………………………………71
EVA ……………………………………136
FIFO …………………………………29
IRR ……………………………………125
LIFO …………………………………29
NPV 法 ………………………………124
PBR ……………………………………71
PER ……………………………………71
ROA ……………………………………67
ROE ……………………………………67
ROI ……………………………………66
TCO ……………………………………96
WACC ………………………123, 136

[あ]

アクション・プラン ………………139
後入先出法 …………………………29
安全余裕率 …………………………102
一行連結 ……………………………58
一年基準 ……………………………43
移動平均法 …………………………30
売上原価 ……………………27, 47
売上債権 ……………………………45
　　──回転率 ……………………69
売上総利益 …………………27, 47
売上高 ………………………………46
　　──営業利益率 ……………65
　　──経常利益率 ……………66
　　──総利益率 ………………66
売掛金 ………………………………4
営業外収益 …………………………46
営業外費用 …………………………47
営業キャッシュフロー・マージン ……66
営業利益 ……………………………47
オペレーティング・リース ………127
親会社 ………………………………51

[か]

買掛金 ………………………………4
会計期間 ……………………………3
会計帳簿 ……………………………23
会計的投資利益率法 ………………121
回収期間法 …………………………120
価格差異 ……………………………110
学習と成長の視点 …………………136
貸方要素 ……………………………15
貸倒引当金繰入額 …………………22
活動基準原価計算 …………………91
活動ドライバー ……………………91
株価収益率 …………………………71
株価純資産倍率 ……………………71
株主資本 ……………………………45
貨幣の時間価値 ……………………122
借方要素 ……………………………15
勘定 …………………………………17
　　──科目 ……………………17
間接費 ………………………………84
関連会社 ……………………………57
キャッシュフロー …………………119
　　──計算書 …………………8

繰延資産 ……………………………45	
黒字倒産 ………………………………8	
経営成績 ………………………………5	
経営分析 ……………………………61	
経済付加価値 ………………………136	
経済命数 ……………………………119	
経常利益 ……………………………47	
経費 …………………………………82	
決算 …………………………………21	
───修正事項 ……………………21	
限界利益 ……………………………101	
───図表 ………………………103	
───率 …………………………101	
原価管理 ……………………………109	
原価企画 ……………………………115	
原価計算 ……………………………81	
───期間 ………………………81	
───対象 ………………………81	
減価償却 ……………………………35	
───費 …………………………35	
───累計額勘定 ………………39	
原価の3要素 …………………………82	
原価標準 ……………………………109	
現金主義 ……………………………22	
合計試算表 …………………………19	
工事完成基準 …………………………95	
工事進行基準 …………………………95	
顧客の視点 …………………………136	
顧客リピート率 ……………………136	
コスト ………………………………81	
───・プラス法 ………………94	
固定資産 ……………………………43	
固定長期適合率 ………………………63	
固定費 ………………………………85	
固定比率 ……………………………62	
固定負債 …………………………43, 45	
個別原価計算 …………………………90	

[さ]	
財政状態 ………………………………3	
財務指標 ……………………………61	
財務の安全性 …………………………61	
財務の視点 …………………………136	
材料費 ………………………………82	
先入先出法 …………………………29	
作業時間差異 ………………………112	
残存価額 ……………………………35	
残高試算表 …………………………19	
仕入債務 ……………………………45	
仕掛品 ………………………………81	
事業利益 ……………………………67	
自己資本比率 …………………………62	
自己資本利益率 ………………………67	
資産 ……………………………………4	
試算表 ………………………………19	
実際原価計算 …………………………90	
実施項目 ……………………………139	
支配力基準 …………………………52	
資本回転率 …………………………67	
資本効率性 …………………………68	
資本コスト ……………………123, 136	
資本生産性 …………………………70	
資本利益率 …………………………66	
収益 ……………………………………5	
───性 …………………………65	
受注ソフト …………………………93	
主要簿 ………………………………23	
純資産 …………………………………4	
商品有高帳 …………………………30	
正味キャッシュフロー ……………119	
正味現在価値法 ……………………124	
初期投資額 …………………………120	
仕訳 …………………………………16	
───帳 …………………………16	
数量差異 ……………………………110	

ストレッチ・ターゲット……………139
成果指標………………………………136
生産性……………………………………70
生産高比例法……………………………38
精算表……………………………………21
正常営業循環基準………………………43
製造間接費差異………………………113
製造原価…………………………………83
　　──報告書………………………87
税引前当期純利益………………………47
製品別計算………………………………89
設備投資………………………………119
全部原価計算……………………………90
戦略……………………………………135
　　──テーマ……………………136
　　──マップ……………………138
　　──マネジメント……………140
　　──目標………………………137
総勘定元帳………………………………17
操業度…………………………………113
　　──差異………………………113
総原価……………………………………83
総合原価計算……………………………90
総資本回転率……………………………68
総資本経常利益率………………………67
総平均法…………………………………30
ソフトウェア………………45, 48, 92
　　──償却…………………47, 95
　　──製作費……………………94
損益計算書…………………………………5
　　──等式…………………………6
損益分岐点図表………………………100
損益分岐点比率………………………102
損益分岐点分析………………………100

［た］

貸借対照表…………………………3, 43
　　──等式…………………………4
耐用年数…………………………………36
棚卸減耗…………………………………32
　　──費…………………………32
棚卸資産…………………………………45
　　──回転率……………………69
帳簿価額…………………………………36
直接原価計算……………………………90
直接材料費差異………………………110
直接費……………………………………84
直接労務費差異………………………111
賃率差異………………………………112
定額法……………………………………36
定率法……………………………………36
転記………………………………………17
伝票………………………………………17
当期製品製造原価………………………87
当座資産…………………………………44
当座比率…………………………………62
投資その他の資産………………………45
投資有価証券……………………………44
特別償却…………………………………47
特別利益…………………………………46
取引…………………………………………1
　　──の要素分解…………………15

［な］

内部プロセスの視点…………………136
内部利益率……………………………125
年金現価係数表………………………123
能率差異………………………………113
のれん………………………………45, 54
　　──償却額……………………47

［は］

売買目的有価証券………………………44
パッケージ・ソフト……………………93

発生主義 …………………………22
パフォーマンス・ドライバー ………136
バランスト・スコアカード ………135
販売費及び一般管理費 ……………47
非原価項目 ………………………83
非支配株主帰属損益 ………………56
非支配株主持分 ……………………53
ビジョン …………………………135
1株当たりの当期純利益 …………71
費目別計算 ………………………89
費用 ………………………………5
標準原価 …………………90, 109
　　───計算 ………………90, 109
非連結子会社 ……………………57
ファイナンス・リース ……………127
複利現在価値係数 ………………123
負債 ………………………………4
　　───比率 ……………………62
負ののれん償却 …………………46
部門別計算 ………………………89
分析 ………………………………100
変動費 ……………………………85
変動比率 …………………………101
簿記 ………………………………1
保守費用 …………………………128
補助記入帳 ………………………23
補助簿 ……………………………23
補助元帳 …………………………23

[ま]

前払費用 …………………………22
無形固定資産 ……………………45
持株基準 …………………………52
持分法 ……………………………57

[や]

有価証券売却損益 ………………48
有価証券評価損益 ………………48
有形固定資産 ……………………35
予算差異 …………………………113

[ら]

利益図表 …………………………100
利益等式 …………………………6
リース ……………………………127
流動資産 …………………………43
流動比率 …………………………61
流動負債 …………………………45
連結会社 …………………………51
連結財務諸表 ……………………51
連結損益計算書 …………………55
連結貸借対照表 …………………53
レンタル …………………………129
労働生産性 ………………………70
労務費 ……………………………82

[わ]

割引キャッシュフロー（DCF）法 ………120
割り引く …………………………123

《著者紹介》

志村　正（しむら・ただし）
1951年　宮城県生まれ。
1980年　慶應義塾大学大学院商学研究科博士課程単位修得退学。
1980年　創価大学経営学部専任講師，83年同助教授。
1988年　文教大学情報学部助教授を経て，
現　在　文教大学経営学部教授。

[主要著書]
『基礎から学ぶ管理会計』東京経済情報出版，2011年。
『ABCとバランスト・スコアカード』（櫻井通晴編著）同文舘出版，2003年。
『企業価値創造の管理会計』（櫻井通晴・伊藤和憲編著）同文舘出版，2007年など。
『基礎から学ぶ原価計算』東京経済情報出版，2007年。
『Excelで学ぶ会計情報の作成と分析 [第三版]』創成社，2008年。

（検印省略）

2010年11月10日　初版発行
2020年 8 月20日　二刷発行

略称 ― 企業会計

企業会計テキスト

著　者　志村　　正
発行者　塚田　尚寛

発行所　東京都文京区　株式会社　創　成　社
　　　　春日2-13-1
　　　　電　話 03 (3868) 3867　　FAX 03 (5802) 6802
　　　　出版部 03 (3868) 3857　　FAX 03 (5802) 6801
　　　　http://www.books-sosei.com　振　替 00150-9-191261

定価はカバーに表示してあります。

ⓒ2010 Tadashi Shimura　　　組版：トミ・アート　印刷：S・Dプリント
ISBN978-4-7944-1413-7 C3034　製本：宮製本所
Printed in Japan　　　　　　　落丁・乱丁本はお取り替えいたします。

― 簿記・会計学選書 ―

書名	著者	種別	価格
企業会計テキスト	志村　正	著	1,800円
簿記トレーニング	志村　正 石田晴美・新井立夫	著	1,800円
簿記基本書	志村　正	著	2,000円
Excelで学ぶ会計情報の作成と分析	志村　正	著	2,200円
原価計算入門	安國　一	著	2,800円
新版複式簿記入門	安國　一	編著	2,700円
企業簿記論	森・長吉・浅野 石川・蒋・関	著	3,000円
監査入門ゼミナール	長吉眞一・異島須賀子	著	2,200円
簿記入門ゼミナール	山下寿文	編著	1,800円
会計入門ゼミナール	山下寿文	編著	2,900円
管理会計入門ゼミナール	髙梠真一	編著	2,000円
入門簿記	倉茂・市村・臼田 布川・狩野	著	2,200円
イントロダクション簿記	大野・大塚・德田 船越・本所・増子	著	2,200円
簿記教本	寺坪　修 井手健二・小山　登	著	1,800円
演習工業簿記	前川邦生	監修	1,800円
新簿記入門ゼミナール	山下壽文 日野修造・井上善文	著	1,900円
ズバッと解決！日商簿記検定3級商業	田邉　正・矢島　正	著	1,500円
ビジュアル・トレーニング簿記入門	朝倉洋子 市川直樹・高橋泰代	著	2,400円
入門商業簿記	片山　覚	監修	2,400円
中級商業簿記	片山　覚	監修	2,200円
簿記システム基礎論	倍　和博	著	2,900円
簿記システム基礎演習	倍　和博	編著	1,500円

（本体価格）

― 創成社 ―